나만을 위한 인생 오후

이 희 천 저

도서출판 상 학 당

책을 내면서

인간의 수명이 점점 늘어감에 따라 노인의 삶이 사회적 이슈로 등장하고 있다. 과거 다자녀 시대에는 자식의 양육으로 인한 강도 높은 경제활동과 짧은 수명으로 인해 노인의 삶이 사회문제로 대두되거나 사회적 관심을 받지 못했던 것은 주지의 사실이다. 더욱이 베이비붐(Baby Boom) 세대에 태어난 사람들은 부모를 모시면서 다자녀를 성장시키는 데 전력 질주하며 평생을 헌신해 오면서 자신의 노년을 위한 대비는 관심 밖의 일이 되었다.

그런데 노년기에 접어들고 있는 베이비붐 세대는 열심히 살아온 만큼의 행복은커녕 사회문제를 일으킬 정도로 열악한 환경에서 삶을 이어가고 있다. 부모와 자식을 동시에 부양하면서 오로지 앞만 바라보며 살아온 대가는 거의 없었다. 기대수명이 점점 늘어나면서 60세 이후를 인생의 후반부로 지칭할 정도로 노후의 삶이 길어지고 있다.

그러나 사회적 환경은 핵가족 시대로 급변하면서 자식은 자신만의 행복을 추구하는 이기적 가정으로 변해 더 이상 부모를 부양하고자 하는 마음이 점차 사라지고 있다. 띠라서 이제 막 노년기를 맞이하는 세대의 사람들은 열악한 삶의 환경에서 홀로 여생을 보내야 하는 처지에 몰려 있다.

최근에 은퇴한 사람들은 노후에 정부에서 지원하는 보조금만으로는 생계를 유지할 수 없으므로 신체적 불편함을 감수하고라도 생계비를 스스로 벌어야 하는 일도 있다. 또한 의과학의 발달로 인해 길어진 수명은 경제활동을 위한 법정 나이도 연장해야 한다는 여론도 확산되고 있다. 이와 같이 노후를 대비하지 못한 상태에서 노년기를 맞이하는 경우, 먹고 사는 문제로 인해 노년기를 즐기며 행복을 추구한다는 것은 그림의 떡에 불과할 뿐이다.

일찍이 초고령사회로 접어든 일본의 경우 노인층이 늘어나면서 노인에 대한 처우나 경제적 지원 등으로 정부의 부담이 가중되기도 하고, 각종 사회적 문제로 등장하고 있다. 최근에 열악한 경제적 여건으로 생계가 곤란한 일본 노인들이 정부에서 의식주를 해결해 주는 감옥에 가기 위해 범죄를 저지른다는 안타까운 뉴스는 남의 일이 아닌 바로 우리에게 닥쳐 올 현실이기도 하다. 이와 같은 노령인구의 증가는 국가의 복지정책에도 많은 영향을 미치고 있다. 연금의 고갈이 예상되어 물가는 상승하고 있음에도 수령액은 매년 감소할 것으로 예상되고 있다.

이처럼 급변하고 있는 사회적 환경에 순응하면서 젊었을 때부터 노년기의 아름다운 삶을 대비하기 위해 정신적, 육체적, 경제적 준비가 적극적으로 실현되어야 한다는 관점에서 인생의 후반기 노후의 윤택한 삶을 위한 방향을 제시하고자 이 책을 편찬하게 되었다. 노후의 올바른 삶에 관한 책을 완성하였지만, 아직 삶의 길이도 짧고 경험이 풍부하지 못한 탓으로 부족함을 느낀다. 그러나 필자가 나름대로 경험했던 현실과 사회적 이슈들을 모아 노후를 즐기는 방법을 다양하게 제시하고자 노력하였다.

물론 노후를 즐기기 위해서는 사전에 몇 가지 충족해야 하는 조건이 있으므로 인생의 전반기부터 준비해야 할 내용도 수록하였다. 한번밖에 주어지지 않는 인생을 헛되지 않게 특별한 의미를 부여해야 한다는 소신을 바탕으로 책을 편찬하게 되었다는 것을 미리 일러두고 싶다. 인생 후반기의 삶에 접어든 사람들이 행복한 삶을 즐기는 데 조금이라도 도움이 되길 바랄 뿐이다.

끝으로 이 책을 편찬하기 위해 원고 교정 및 제언을 아끼지 않은 동료 교수께 진심으로 감사의 마음을 전하고, 출판을 위해 물적 지원과 편집 및 디자인 작업을 해 주신 도서출판 상학당의 남승우 대표님께 특별히 감사드린다.

2025년 3월 저자 씀

차 례

chapter 01

인생은 짧다

인생은 짧다

필자는 TV에서 방영되는 '인간극장'을 특별한 경우를 제외하고 대부분 시청을 하는 편인데, 인생살이에 관한 기구한 사연들이 방영될 때마다 눈시울을 적시면서 인생이 생각처럼 길지 않다는 것을 느끼곤 한다. 그래서 불교에서는 인생을 '찰나'*에 비유하는 것 같다. 각자의 삶 속에서 겪어온 고통과 번뇌를 극복한 후에 찾아오는 행복을 가슴으로 느끼는 내용이지만, 그동안 겪었던 사연을 더듬어 보면 가슴이 아린 경우가 대부분이므로 애잔한 느낌으로 하루를 시작하기도 한다.

어느 날 아침에 방영된 내용은 가진 것 없는 집안에 시집와서 평생을 시어머니와 시댁 가족을 부양하면서 온갖 궂은 일을 마다하지 않고 열심히 살아온 결과 시댁의 고향에 내려와 자식들과 함께 자영업을 하면서 여생을 보내고 있는 어느 부인의 사연이었다.

어느 정도 사람답게 살아보고자 시댁의 고향에서 자영업을 시작한 후 70세 가까운 나이였지만 갖은 시집살이로 며느리를 괴롭혀왔던 90세의 시어머니는 노인성 치매를 앓고 있어 어린아이 키우듯이 시어머니를 돌보고 있는 내용이다. 혹독한 시집살이를 견뎌오며 살아온 반백 년의 세월도 무심하지만, 시어머니를 지극정성으로 모시는 착한 며느리의 심성에 감동하지 않을 수 없었다. 부모님 곁을 떠나 가정을 꾸리고 가족 부양을 위해 살다 보면 50년을 의미하는 반백 년이 그리 길지 않는다는 것을 요즘 새삼스럽게 느끼고 있다. 더욱이 인생의 후반기를 즐

* 어떤 일이나 사물 현상이 일어나는 바로 그때를 뜻하는 한자어 명사다.

기는 노년기에는 세월이 고속질주 하는 것처럼 느껴져 하루하루 삶의 소중함을 스스로 체험하면서 살아간다.

이렇듯 인생은 '생로병사'의 금언이 지나가는 가십성 이야기가 아니라 우리의 삶에 엄격하게 적용되는 법칙으로 여겨진다. 즉, 태어나서 힘든 세상을 살다가 늙으면 병들고, 결국은 죽음으로 끝나는 과정이다. '찰나'에 불과한 인생을 헛되게 시간을 보내서는 안된다. 이와 같은 짧은 시간이 우리 모두에게 공평하게 주어졌지만 사용하는 방법이나 형태에 따라 삶의 질은 큰 차이를 나타낸다.

가수 남진 노래의 '이력서' 가사 중 "세월아 세월아 걸음을 제촉마라.~~ 죽자 살자 욕심 많은 그까짓 거 돈 모아도 둘러메고 짊어지고 갈 것도 아닐텐데~~." 처럼 우리는 짧은 세상을 살다가 빈손으로 돌아가게 된다. 이 세상에 올 때 빈손으로 온 것처럼 잠시 맡겨졌던 재물을 모두 내려놓고 자연으로 돌아가 한 줌의 흙으로 돌아갈 뿐이다.

각자가 느끼는 생의 길이는 차이가 있을지라도 생에 대한 인간의 욕구를 대입해 본다면 그 길이는 전혀 길지 않다고 생각할 것이다. 즉, 인생이 불교에서 강조하는 '찰라'에 불과하다는 것을 스스로 느낄 것이다. 아무리 100세 시대에 접어들었다고 하지만 우리가 느끼는 생의 길이는 짧디짧은 것이다. 그 짧은 인생의 길이일지라도 건강한 육신으로 이생을 마감하는 것이 아니라 길게는 수십 년을 병상에 누워 지내기도 한다. 따라서 다른 동물에 비해서 인간의 수명이 길지라도 개인적으로 느끼는 삶의 길이는 턱없이 짧은 편이다.

짧은 인생의 행복

만물의 영장으로 불리는 인간은 다른 포유동물과 다르게 언어를 통해 감정을 전달하고 욕구를 충족시키면서 한평생을 살아간다. 비록 짧은 인생이지만 자신의 노력과 감정의 통제에 따라서 값진 행복을 추구할 수 있는 존재이다. 행복은 남이 주는 것이 아니라 자신이 손수 찾아서 소유할 수 있는 귀한 보물이다. 즉, 행복은 안겨지는 것이 아니라, 스스로 만들어가는 것이다. 그런데 그 짧은 인생의 길이는 차별하지 않고 누구에게나 동일하게 주어진다. 이처럼 주어진 삶을 영위하는 동안의 행복은 타인이나 환경에 의해서 형성되는 것이 아니라 전적으로 자신으로부터 기인한다는 사실이다.

그러나 그 행복의 수준은 개인이 설정한 기준에 비해서 행복의 수준이 개인적 욕구와 결합하여 대부분 높게 설정되는 편이기 때문에 생각보다 행복을 추구하는 사람은 많으나, 추구하는 만큼의 행복 수준에 다다르지 못하는 경우가 많다는 사실이다. 따라서 진정한 행복의 맛을 경험하기 위해서는 작은 행복이라도 만족할 수 있어야 한다. 작은 행복이 켜켜이 쌓여 커다란 행복으로 이어지는 원리를 상기시키며, 주어진 모든 상황에 감사하며 멋진 삶을 추구해야 한다.

더욱이 인생은 짧아서 삶의 과정이 행복해야 하는데, 지나친 요구와 욕구 등으로 인해 설정된 기대치를 달성하지 못하는 불행의 장본인이 되어서는 안된다. 우리는 주변에서 나름대로 행복한 삶을 영위하는 사람들을 부러워하기도 하지만, 그들은 비록 가진 것이 변변치 않을지라도 행복감을 느끼며 살아가고 있는 사람들이다. 그렇다고 가진 것이 많은 사람이 불행하다는 것은 아니다. 행복의 기준은 경제력에 비례하지 않는다는 간접증거인 것이다. 특히 나이가 들어감에 따라 물건을 정리하고 불필요한 것들을 소유하지 않으며 인생을 즐기는 것이 삶의 무게를 줄여나가는 과정이요, 진정한 행복을 추구하는 행위일 것이다. 그러므로 짧은 인생의 후반기에 과거의 삶에 대한 후회와 뉘우침으로 인해 노년기를 즐기는 데 걸림돌이 되어서는 안된다. 지금까지 걸어온 인생의 과거는 과거일 뿐이다. 오로지 짧은 인생의 남은 세월 동안 행복을 최대화하는 데 초점을 맞추어야 한다.

그러나 비록 짧은 인생이지만 진정한 행복은 자신의 마음으로부터 나오는 것이기 때문에 정해진 해답은 없다. 독일의 철학자 프리드리히 니체(Friedrich Wilhelm Nietzsche)가 "사실이란 없다. 해석만 있을 뿐이다"라는 명언을 남겼다. 이처럼 우리의 삶도 본질적 내용은 같지만 각자 내면의 세계가 다르므로 모든 현상의 해석이 다를 뿐이다. 따라서 행복의 개념은 개인의 주관적 해석에 따라 다르므로 본질적으로 자신으로부터 기인한다. 즉, 행복과 불행은 전적으로 자신에게 달려 있다는 의미로, 행복은 스스로 찾아야 한다는 것이다.

현재의 삶이 가장 소중하다

흔히들 삶의 과정 중 과거는 과거일 뿐이고 미래는 선물이며, 현재는 축복으로 여기며 살아가는 아름다운 감성이 요구된다고 한다. 과거의 명예와 소유했던 재물 등의 감정에 흠뻑 젖어 체면을 중시한다면 현재와 미래의 행복을 위한 변화를 기대하기 어려울 것이다. 또한 가까운 미래를 위해 오로지 부를 축적할 목적으로 현재를 희생시키는 어리석은 행동으로 가장 중요한 오늘의 행복을 간과하여 육체적 · 정신적 피로를 더해가고 있지는 않은지 자신의 삶을 돌아볼 필요가 있다.

인생은 짧아서 과거를 잊고 미래의 꿈을 펼치면서 언제나 현재의 행복을 누리며 살아가는 것이 진정한 행복을 추구하는 삶일 것이다. 그렇지 않고 부와 명예를 위해 오늘을 희생하는 행위는 어떠한 이유로도 변명할 수 없는 가장 안타까운 삶의 형태에 불과하다.

주변의 적지 않은 사람들이 자의가 아닌 타의에 의해 노년의 세월을 보내고 있다면, 그야말로 자신의 삶 일부를 포기하고 있는 것이다. 한 번밖에 주어지지 않는 인생을 나의 의지에 의한 삶이 아니라, 자신이 처해 있는 상황에 따른 삶이나 사회적 관계자들의 의지대로 살아간다면 각자에게 주어진 인생이 얼마나 허무할까?

사회적 구조와 문화의 영향으로 오늘날 적지 않은 성인들의 삶을 돌이켜보면 오로지 내일의 행복을 위한 목적으로 자신의 역량을 쏟아부어 정작 누려야 하는 오늘의 행복을 소홀히 하는 경우가 많다. 정서적인 안정을 위한 휴식을 양보하거나 환상적인 내일의 꿈을 위한 부의 축적만을 위해 여행이나 취미활동 등을 포기하고 오로지 일벌레처럼 살아가는 행위는 삶의 균형이 깨진 것이다.

그렇다고 모든 것을 오늘의 행복을 추구하면서 탕진하라는 것은 절대로 아니고, 단지 균형 잡힌 삶과 함께 오늘을 중시해야 한다는 의미다. 인간의 수명은 유한하므로 반드시 흙으로 돌아간다는 사실을 직시하고 살아있음에 감사하며 오늘의 삶의 가치가 얼마나 중요한가를 몸소 느끼며 행복한 마음으로 여생을 즐겨야 한다.

따라서 인생은 짧아서 노년기에는 돈, 명예, 권력 등에 현혹되어 삶의 균형을 잃지 말고 가족과 주변의 친구와 함께 어울리며 오늘이 생의 마지막 날인 것처럼 맘껏 즐겨야 한다. 그러나 인생이 짧다고 하여 조급하게 생각하지 말고 앞 · 뒤 · 옆을 조심스럽게 살피며 작은 일이라 할지라도 신중하게 결정하는 습관도 잊지 않아야 한다.

최근 인터넷을 통해 기대수명에 대한 응용 소프트웨어가 제공되고 있는데, 그 프로그램에 개인정보와 건강 스타일에 관한 몇 가지 사항과 신체적 현황을 입력하면 개인의 기대수명이 계산된다. 물론 일반적인 통계를 바탕으로 한 형식이지만 대충 비슷하게 계산된다는 느낌을 받았다.

신체적 조건이나 사회활동 그리고 가정생활에 대한 기초적인 사항을 입력하면 개인차에 따라 기대수명이 자동으로 계산되는 프로그램이지만, 현재 노년기를 즐기고 있는 사람은 100세 가까운 수명을 기대할지 모르겠으나, 실제로 여러 가지의 현황을 입력해 보면 대부분 90세 이하로 나타난다.

만약 기대수명을 90세로 가정하면 현재 65세 나이의 노년층은 길어야 25년밖에 살 수 없다. 따라서 짧디 짧은 여생을 행복하게 살아가기 위해서는 무엇보다 오늘의 삶이 가장 중요하다는 것을 깨달아야 한다.

chapter 02

인생 후반기의 도전

인생 후반기의 도전

스위스의 정신과 의사이자 심리학자인 융(Carl Jung)은 인생을 태양의 움직임에 비유하여 오전은 출생부터 청년기, 오후는 중년부터 노년기로 구분하여서 한 가운데를 '정오'라고 하였다. 만약 인생의 길이가 100세라고 가정하면 50세는 인생의 정오가 되어 삶의 전환기를 맞이한다는 의미이다.

우리가 인생의 오전에 도전하지 못했던 것들을 되돌아보고 인생의 오후에 새롭게 도전할 기회를 스스로 만들어 나가야 할 것이다. 누구나 인생의 오전에는 삶의 기반을 마련하기 위해 대부분 자의가 아닌 타의에 의한 직업 환경에서 열심히 일하면서 성장하기 때문에 인생의 정오를 지나, 오후가 되는 시점에는 자신이 하고 싶었던 일을 도전해 보지 못한 것들에 대해 후회하는 경우가 있을 것이다.

따라서 인생의 오후에는 그동안 여러 가지의 개인적 이유로 시도해 보지 못했던 것들에 대해 과감한 도전을 위한 용기가 필요하다. 즉, 노년기의 멋지고 자존감을 높일 수 있는 새로운 꿈의 실현은 신선한 도전이자 아름답고 풍성한 삶의 중요한 지표일 것이다.

인생 오전을 되돌아보면서 후회하는 사람들은 아마도 '할 수 없는 것'만을 추구하면서 '할 수 있는 것'을 하지 않았는지 조심스럽게 살펴볼 필요가 있다. 바꿔 말하면, 늘 '할 수 없는 것'만을 바라보면서 허송세월하고, 정작 '할 수 있는 것'을 등한시했을 가능성이 매우 높다는 것이다.

그러나 삶의 내용과 관계없이 인생의 오전을 살아오면서 다양한 삶

가운데 축적한 경험은 정오를 기점으로 오후의 삶을 이어가는 데 있어서 값지고 소중한 지혜를 제공하여 나름대로 멋진 삶의 꽃을 피울 수 있는 계기가 될 것이다.

따라서 인생 오전의 삶도 오후로 이어지는 기반이 되기 때문에 매우 소중하다. 용기와 도전으로 다져진 인생 오전의 과정이 오후의 밑거름이 된다는 것을 인지하고 삶의 후반전에도 꾸준히 정진하는 것이 결국 아름다운 모습이 아닐까?

미국 예일대학교의 심리학 교수 레빈슨(Daniel J. Levinson)은 '남성의 생애 사계절' 이론에서 성인의 삶은 각각 고유한 도전과 발달 과업이 특징인 뚜렷한 시대 또는 단계로 나눌 수 있다고 제안했다. 레빈슨은 네 가지 주요 시기를 구분하였는데, 그 네 가지 주요 시기를 다음과 같이 구분하고 있다.

첫째는 초기 성인 전환기로 10대 후반에서 20대 초반에 발생하며 교육, 직업, 인간관계와 관련된 중요한 삶의 선택을 하는 시기이다.

둘째는 정착기로 20대 중반부터 40대 중반에 이르는 이 시기는 경력을 안정적으로 쌓고, 장기적인 관계를 형성하며, 뿌리를 내리는 데 중점을 두는 시기이다.

셋째는 중년의 전환기로 40~45세가 되면 개인은 중년기에 대한 재평가를 통해 자신의 성취, 목표, 전반적인 삶의 만족도에 대해 질문하게 되는 시기로 가끔 인생에 큰 변화와 자기 성찰로 이어지는 시기이다.

마지막 넷째는 성인 후기로 60대 중반부터 시작되는 이 시기는 자기 삶에 대해 고민하고, 의미 있는 유산을 남기고, 노화와 은퇴에 관련된 도전에 직면하는 데 중점을 두는 시기로 각각 구분하였다. 이와 관련하여 일본의 창업 컨설턴트(Consultant)이자 코칭(Coaching) 전문가인 나카야마 유코(中山ゆう子)는 레빈스 이론을 바탕으로 인생의 후반에 삶과 일을 통해 꽃피우는 방법을 구체적으로 소개한 바 있다.

첫째, 이제까지 경험해 온 것 가운데 잘하지 못하는 것과 할 수 있는 것을 제대로 파악하기

둘째, 마음에 담고 있는 것을 다 비워서 불만이나 불안, 미래에 불필요한 것들을 깨끗하게 버리기

셋째, 자신의 재능과 능력으로 새로운 가능성을 시도하기

넷째, 인생 후반의 사는 방식과 일하는 방식을 파악하고, 조금씩 그리고 확실하게 생각대로 자신을 꽃피우기 등으로 인생 후반의 삶을 나답게 꽃피우는 방식을 제안하였다. 이처럼 우리는 인생의 삶을 단계별로 구분하여 나름대로 의미를 부여하고, 아름다운 인생을 위해 스스로 도전하는 것에 최선을 다해야 한다.

철학자이자 연세대학교 명예교수인 김형석 교수는 100세를 넘기고도 집필 활동과 강연을 통해 아름다운 삶을 추구하고 있는 가운데 나름대로 최상의 육체적 · 정신적 건강을 유지하고 있다. 김형석 교수는 자신이 걸어온 과거의 삶을 되돌아보면서 70대의 삶이 가장 왕성하게 활동했다고 회고하였으며, 90대에는 이성과 사랑을 나누고 싶었다는 평범하지 않은 생각을 방송매체를 통해 토로한 적이 있다.

이와 같은 사고는 아름답고 숭고한 정신이 살아있다는 명백한 증거로 평범한 삶을 영위하고 있는 우리가 본받아야 하지 않겠는가? 인생의 후반일지라도 얼마든지 전반에 이루지 못한 것들을 할 수 있다는 것을 말해주고 있다. 이처럼 우리는 절대로 늦었다거나, 할 수 없다고 생각하지 말고 간단없이 삶의 목표를 향해 열정을 다해 전진하는 행위야말로 진정한 도전일 것이다. 도전하는 열정과 노력은 오히려 인생의 후반부를 훨씬 숙성되고 맛깔 나는 삶으로 전환할 수 있다.

그러나 적지 않은 사람들이 은퇴 후의 삶을 뚜렷한 목표를 정하지 못하고 수동적인 생활과 함께 시간을 보내고 있는 것이 현실이다. 아파트 단지나 시골 마을에 설치된 실버센터(Siler Center)에서는 특별한 목

적없이 고스톱이나 잡담으로 시간을 보내거나, 공원이나 공공장소에서 아무 생각 없이 시간을 허비하는 광경은 안타까운 마음을 자아내게 할 뿐이다. 물론 이와 같은 처지에 있는 사람들은 나름대로 고민거리가 있겠으나, 현재의 삶을 윤택하게 이어가기 위해서는 나만을 위한 특별한 방식인 멋진 삶의 방향 제시와 능동적 참여로 스스로 위안과 만족을 추구해야 한다.

인생 전반기 삶을 아무리 후회해본들 부질없는 행위에 불과하다. 마치 축구 경기가 전반전과 후반전으로 구분되어 진행되듯이 전반전 경기는 후반전에 다소의 영향을 미칠 수 있을지라도 후반기 전체를 좌우하지 않듯 독립된 후반전 경기라는 굳은 신념으로 새로운 출발을 한다면 마침내 멋지고 아름다운 세상을 맛볼 수 있을 것이다.

프랑스의 신사들은 노년을 즐기기 위한 조건으로 5가지를 준비한다고 한다. 그 5가지는 첫째로 한 개의 악기를 다룰 수 있어야 하고, 둘째로 가족을 위해 특별한 요리를 할 수 있어야 하며, 셋째로 모국어 외에 1개 이상의 외국어를 구사할 수 있어야 하고, 넷째로 건강을 위한 스포츠를 즐길 수 있어야 하며, 다섯째로 사회를 위한 봉사활동을 할 수 있는 특기를 준비하는 것이다.

이제까지 인생의 전반부에는 나보다 가족을 위해, 혹은 조직을 위해 일하며 희생해 왔다. 그러나 인생의 후반부에는 나만을 위한 진실한 삶을 영위하기 위한 삶의 방식으로 전환해야 생을 아름답게 마감할 수 있을 것이다.

끊임없는 도전은 아름답다

인간은 수명을 다할 때까지 모름지기 새로운 것을 끊임없이 추구하며 긍정적 감정으로 보람을 느끼는 존재다. 나이가 들어감에 따라 도전하는 강도는 약화될 수는 있어도 신체적으로 노화되었다는 이유만으로 중단되어서는 안된다. 만약, 새로운 것을 추구하지 않고 목숨을 유지하기 위한 기능만을 추구한다면 삶의 의미를 찾지 못할 것이다. 도전하는 분야나 형태와 관계없이 하고 싶은 무엇이든 도전하는 삶이야말로 정신적 건강을 유지하는 데 큰 도움이 될 것이다.

아름답게 늙어간다는 의미는 비록 신체적 에너지는 줄어들었을지라도 숙성된 지혜와 강한 정신력을 바탕으로 끊임없는 도전을 실천하는 행위일 것이다. 따라서 인생 후반기를 더욱 멋지고 보람 있게 보내기 위해서는 현재에 머물러 있지 않고 늘 새로운 것에 도전하는 마음의 자세가 필요하다.

지인 중 시골에서 대규모 임대농업을 하면서 농번기에는 열심히 일하고 농한기에는 마냥 쉬지 않고 사회활동과 취미활동을 통해 사회적 관계를 돈독히 하고 끊임없이 도전하는 사람이 있다. 흔히들 농업인들은 농사만을 생각하는 평범한 사람으로 취급하기도 하지만, 요즘 이와 같은 생각은 기우에 불과하다. 지인은 틈틈이 독서를 통해 정신적 교양을 넓히는 것은 물론이고 대화의 품격을 높이고 있다.

그는 비록 시골에서 농사를 짓고 있을지라도 독일의 철학자 쇼펜하우어(Arthur Schopenhauer)의 심리학에 관한 이야기를 대화의 주제로 삼을 정도로 해박한 지식은 필자에게 잔잔한 감동을 주기도 하였다. 또한 꾸준한 운동도 절대로 게을리 하지 않는다. 시간이 허락할 때마다 전국의 유명한 산을 찾아 등산과 함께 지리적 감각도 넓혀가고 있으며, 심지어는 지인들과 함께 골프 운동도 하며 자신의 도전 범위를 쉬지 않고 확장해 가고 있는 모습은 진정한 아름다운 삶의 주인공임이 틀림없다.

평일 오전에 방영되는 KBS '인간극장' 프로그램 중 2024년 7월 하순 어느 날 방영된 프로그램이 눈시울을 적시게 한 적이 있다. 학교교육을 받아본 적 없는 노부부는 시골에서 농사지으며 4남매를 훌륭하게 길러 출가시킨 후 80세 초반의 나이임에도 불구하고 부부가 나란히 초등학교에 입학하여 학교에서 공부하면서 진정으로 행복해하는 모습이 감동적이었다.

비록 노부부는 초등학교 졸업장도 없어 한글을 쓰거나 읽지도 못하였지만, 자식들은 고등교육까지 마칠 수 있도록 최선을 다한다는 일념으로 한평생을 보내면서 자신들을 위한 시간은 포기하였다. 마침내 80세 초 초등학교에 입학하면서 한글을 배우고 난 후에는 한글 해독이 가능하여 누구의 도움 없이도 시내버스를 마음대로 탈 수도 있고, 자식들과 휴대전화로 소통할 수 있다는 것이 그들에게는 이보다 행복할 수는 없다고 한다. 아마도 한글 읽기와 쓰기가 가능하면서 새로 태어난 기분이었을 것이다. 이처럼 늦은 나이임에도 불구하고 끊임없이 도전하면서 인간은 스스로 행복을 찾을 수 있다는 것을 몸소 깨닫는 계기가 되었다.

인간은 나이가 들어감에 따라 인지능력이 떨어져 행동의 민첩성이 둔해진다는 것을 부정할 수는 없지만, 꾸준히 도전하고자 하는 자세는 정신건강을 증진시키고 행복지수를 높일 수 있으므로 삶의 보람을 스스로 찾을 수 있다. 학력이 낮거나 신체 일부가 불편하다고, 또는 경제적인 능력이 부족하다고 해서 행복지수도 낮아진다는 가설은 절대로 성립되지 않는다. 행복은 찾아오는 것이 아니라 스스로 도전하며 찾아야 한다.

또한 도전정신은 나이와는 관계없다는 것을 주위에서 성공적으로 인생 후반의 삶을 이루어가는 노년기의 사람들이 증명하듯이, 인간은 얼마든지 자기의 의지와 함께 도전하면서 사소한 행복을 추구하는 삶을 이어갈 수 있다. 따라서 인간은 부족함을 스스로 깨닫는 고귀함을 지니고 있으므로 생의 마지막 순간까지 배우고 도전하는 아름다운 존재이다.

기후변화의 탓인지 그토록 무덥던 2024년 여름철 끝자락의 어느 날 영국의 BBC방송은 2차 세계대전에 해군으로 참전했던 102세의 할머니(마네트 베일리)가 생일을 맞이하여 2,100m 상공에서 스카이다이빙(Sky Diving)에 성공했다는 뉴스가 우리에게 커다란 감동을 준 적이 있다.

이 할머니는 스카이다이빙을 마치고 기자와의 인터뷰에서 우리에게 “나보다 어리면 포기하지마”라며 강한 도전정신을 일깨워 주었다. 또한 102세임에도 불구하고 건강하게 살아갈 수 있는 원동력은 바로 “공동체, 친구, 사람들 사이에 존재하기”라고 강조하였다.

이처럼 바쁜 삶을 영위하면서도 모든 일에 관심을 가지며 주변 사람들에게 친절하고, 또한 상대방도 당신을 친절히 대하도록 하는 것이 정신적 건강의 비결이다. 따라서 비록 100수가 아니더라도 인생의 후반기를 즐기고 있는 노년에는 절대로 포기하지 않고 끊임없는 새로운 도전으로 삶의 기쁨을 만끽하면서 멋진 삶을 추구해야 한다.

젊은 세대에 기대지 말자

나이가 들어감에 따라 도전하고자 하는 의지는 점점 줄어들고 사고의 폭도 좁아져 행동반경이 무의식적으로 감소하는 느낌을 누구나 경험해본 적이 있을 것이다. 특히 과학의 발달로 삶의 시스템에 온통 AI(Artificial Intelligence : 인공지능)가 적용되어 가끔 생활하는 데 불편을 느낄 정도이다. 물론 젊은이들은 첨단 과학의 편리함을 만끽하면서 생활하고 있을지라도 노년기에는 작동 방식이나 시스템의 이해 부족으로 편리함을 추구할 목적으로 개발된 첨단 기술이 적용된 각종 생활 용품의 사용이 불편하여 젊은 세대에 전적으로 의존하는 때도 있다.

예를 들면 요즘 스마트 폰(Smart Mobile Phone)은 생활필수품으로 단순히 통신 기능보다 거래의 수단이나 컴퓨터 기능이 내장되어 있어 편리하지만, 노인들은 작동의 원리나 사용 방법이 복잡해서 편의 기능을 사용하지 못하고 단순 기능만 이용하는 경우가 대부분이다. 그러나 젊은이들에게 의존하지 않고 스스로 첨단기능을 이해하고 사용 방법을 익혀 편의 기능을 사용하는 것도 하나의 도전일 것이다.

과거 부모님이 살아계실 때 직장 생활로 인해 자주 찾아뵐 수 없었기 때문에 조석으로 안부를 전하곤 했었다. 그러나 몸이 불편해지거나 집안의 비상사태를 대비하여 손쉽게 자식들에게 전화할 수 있도록 부모님의 전화기에 단축 다이얼을 셋팅하여 1번은 장남, 2번은 둘째 아들, 3번은 셋째 아들에게 전화할 수 있는 방법을 알려드린 경험이 있다.

당시 대부분 노인은 휴대전화가 단지 통신을 위한 수단으로 이용되었지만, 최근에는 휴대전화의 첨단 기능을 이용하여 멋진 삶을 즐길 수도 있다. 요즘 멋진 인생을 추구하는 노인들은 젊은이들처럼 휴대전화의 각종 편의 기능을 자유자재로 이용하면서 나름대로 자신감과 함께 삶의 보람을 느끼며 일상생활을 즐기는 예도 있다.

직장에 근무할 때는 부하나 젊은 동료들의 도움으로 컴퓨터나 스마트 폰 등의 편의 기능을 세팅하고 특별한 어려움 없이 사용할 수 있었으나, 은퇴 후에는 독립적인 생활이 시작되기 때문에 나날이 개발되는 첨단 생활용품의 사용이 곤란해질 수밖에 없을 것이다.

필자도 노년기에 접어들면서 첨단 생활용품이나 사업용 설명 자료를 컴퓨터 기능을 이용하여 만드는 데 많은 어려움이 있었으나, 꾸준히 노력한 결과 젊은이들 수준으로 기능을 소화하지는 못하지만 사용하는 데 불편함을 느끼지 않을 정도로 첨단기능을 이용하고 있다. 따라서 가능하면 젊은 세대에 의존하지 않고 스스로 연구하여 편의 기능 시스템을 익힌다면 젊은이들과 어깨를 나란히 하면서 세대 차를 어느 정도 줄이면서 노년의 삶을 즐길 수 있다.

chapter 03

입은 많이 닫고, 귀는 크게 열자

입은 많이 닫고, 귀는 크게 열자

나이가 들면 다양한 경험으로부터 축적된 개인적 지식이나 지론을 바탕으로 사회적 구성원들 간의 관계 속에서 시대 흐름이나 상황을 무시하고 자기 주장을 펼치면서 주도적으로 의견을 개진하거나 지나친 개입으로 언쟁의 불씨가 되기도 한다. 이와 같은 상황은 가끔 세대 간 갈등으로 이어지기 때문에 가능하면 말을 아끼고 경청하면서 상황을 이해하는 것이 가장 바람직할 것이다.

물론 나이가 많은 사람의 의견이나 주장이 무조건 옳지 않다거나 부정하고 싶은 것은 아니다. 다만, 상황에 따라 그 주장이나 의견이 긍정적이고 옳을지라도 때에 따라서 잔소리로 들리는 때도 있기 때문이다. 귀를 크게 열라는 의미는 경청하면서 제안이나 조언을 받아들여 지혜의 덕을 쌓으라는 것으로 상대의 상황을 파악한 후 일일이 대꾸하라는 것은 아니다.

만약, 귀를 적게 열거나 닫고 있는 경우에는 생활 속에서 올바른 판단을 하기 위해 덕을 쌓아야 하는 마음의 소리를 들을 수 없다. 따라서 노년기에는 가능하면 말은 적게 하고, 상대의 의견을 경청하는 습관과 함께 균형 있는 조합으로 대화의 무게감을 유지해야 한다.

필자는 중국 고대 도가(道家)*의 사상가 장자(莊子)가 주장한 습관적으로 저지르는 8가지 과오(過誤)를 항상 마음속으로 새기며 살아가고 있다. 그의 주장은 인생 후반부를 즐기기 위해 꼭 필요한 중요한 생활의 가르침이다.

---

* 중국의 한(漢) 초기에 걸쳐 성행한 학파로서 전국시대(戰國時代) 후반(B.C. 3세기)에 발흥하였다. 전한(前漢)에서 전국시대의 제자백가(諸子百家)의 하나에 들어가며 도덕가(道德家)라고도 불리며 노자(老子)가 황제(皇帝)의 도를 전파하고 창시하여 장자가 승계하였다.

그 8가지의 잘못은 첫째로 자기 할 일이 아님에도 불구하고 개입하는 '주착(做錯)', 둘째로 상대방이 청하지도 않았음에도 의견을 말하는 '망령(妄靈)', 셋째로 남의 비위를 맞추려고 말하는 '아첨(阿諂)', 넷째로 시비를 가리지 않고 마구 말을 하는 행위의 '푼수(分數)', 다섯째로 남의 단점을 말하고 즐기는 행위의 '참소(讒訴)', 여섯째로 남의 관계를 갈라놓는 행위의 '이간(離間)질', 일곱째로 나쁜 짓을 칭찬하여 사람을 타락시키는 행위의 '간특(奸慝)', 여덟째로 옳고 그름을 가리지 않고 비위를 맞춰 상대방의 속셈을 뽑아보는 행위의 '음흉(陰凶)' 등을 일컫는다. 장자가 주장하는 8가지의 잘못은 일상생활에서 인간관계에서 흔히 발생하는 현상으로 특히 나이가 들수록 반드시 지켜야 하는 교훈이다.

이처럼 그가 주장하는 교훈은 "말을 적게 하고 귀를 많이 열어 경청하라"라는 의미를 함축하고 있다.

묵언은 진실이 전해지는 수단이다

현대는 상황에 따라 자기주장을 개진하지 않으면 불이익을 받을 수 있다는 사회적 시스템이 묵시적으로 형성되어 침묵하는 행위가 힘든 사회에서 살아가고 있다. 그러나 침묵은 진정한 친구와 소통할 수 있는 도구이며, 서로의 감정을 느낄 수 있는 수단이기도 하다.

법정 스님은 "침묵은 쓸데없는 말을 하지 않는 것이다. 대신 당당하고 참된 말을 하기 위해서이지, 옳고 그름을 가려 보여야 할 상황에 있는 사람들의 비겁한 침묵을 고수하기 위해서가 아니다."라고 하였다.

당당하게 자신의 의견을 제시하는 것은 이완된 사람의 관계를 결합하는 밝은 통로가 되기도 하지만, 침묵의 행위도 때로는 엄청난 힘을 발휘한다. 마치 시각장애인이 소리에 말을 담는 것과 같이 말을 아끼면 생각만으로도 의사를 전달할 수 있다. 즉, 묵언도 상대와 소통의 수단인 것이다.

조용히 마음의 문을 열고 묵언 수행으로 자신과의 대화는 입을 통해 나오는 말로 인해 시끄러운 세상 소리와 본질적으로 다르다는 것을 몸소 느낄 수 있을 것이다. 아끼고 싶은 감정을 입 밖으로 발설해 버리면 그 말로 인해 모든 것들이 사라져 버릴 수도 있다. 그러나 진실한 마음은 굳이 말로 하지 않아도 마음으로 전해진다.

묵언을 통해 전해지는 진실은 상대방에게 감동을 주기도 한다. 스스로 진실하다고 느끼면 상대방의 진실도 느껴지듯 인간은 언제나 진실함을 추구하는 존재이다. 불교에서 묵언 수행은 눈과 귀만을 열어둔 채 아무런 말도 하지 않는 참선을 일컫는데, 말에서 비롯되는 온갖 죄업을 짓지 않고 스스로 마음을 정화하기 위한 목적이 있다고 한다.

이렇듯 마음속에 있는 감정을 실시간으로 말로 표현하기 전에 마음을 정화하는 행위가 우선되어야 한다. 특히 노년기에는 입을 통해 전해지는 대화보다 묵언을 통한 대화가 훨씬 힘이 실린다는 것을 기억하자.

그렇다고 매사에 의견제시나 자기주장을 포기하라는 의미는 아니다. 왕성한 에너지를 바탕으로 사회생활을 할 때는 자기의 의사를 분명하게 표명하고 문제해결에 적극적으로 참여해야 한다. 자기주장을 펼치는 과정에서 다소의 실수도 발생하기도 하고 구성원들과 마찰을 발생시키기도 한다. 결국 다수의 의견으로 귀결되고, 자연스럽게 소통이 진행되어 큰 어려움은 없을 것이다.

그러나 어떤 상황에서 주도적 임무를 수행하지 않음에도 불구하고 필요 이상으로 자기주장을 펼치거나 개입한다면, 생산적이고 긍정적인 의도임에도 불구하고 쓸데없는 개입으로 치부되어 그 의도가 무시되는 경우가 있다. 따라서 '나' 중심의 삶을 이어가고 있는 인생의 후반부에는 말은 줄이고 경청하는 습관으로 가능하면 주변의 행위에 참견하는 것을 줄이고 오로지 자신만을 위해 즐기며 행복을 추구해야 한다.

인간이 들을 수 있는 가청역(可聽域)은 대개 20헤르츠(Hertz)에서 20,000헤르츠의 주파수 범위에 있는 공기의 진동이라고 알려져 있다. 인간은 가청역을 벗어나면 들을 수 없으나 박쥐같은 경우는 20,000헤르츠 이상의 고주파도 청취할 수 있다. 또한 인간은 빛을 볼 수 있는 가시 스펙터클(Spectacle) 거리가 고작 380m에서 780m에 불과하다. 하나님이 인간을 설계할 당시 들을 수 있는 범위와 볼 수 있는 범위를 정해준 것이다.

이와 같이 인간에게 가청역과 빛의 가시 스펙터클 범위를 부여한 이유는 바로 들을 것만 듣고, 볼 것만을 보라는 의미일 것이다. 만약 가청역과 빛의 가시 스펙터클 범위를 늘려 놓았다면 각종 소음이나 눈부심 등으로 인해 감각이 혼란스럽고 고통스러울 것을 생각하면 퍽 다행스러운 설계가 아닐까? 그러나 인간에게 주어진 감각의 범위 내일지라도 노년기에는 그 범위를 스스로 좁히는 지혜가 요구된다.

관심과 잔소리

아무리 좋은 명약이라 할지라도 과하면 부작용을 유발하고, 운동을 지나치게 하면 오히려 신체의 기능을 해치듯 반복적이고 강한 관심과 제언은 상대의 마음을 불편하게 하는 경우가 있다. 이와 같은 현상은 주변에서 흔히 발생하여 의도한 바를 달성하지 못하고 부작용으로 되돌아오기도 한다.

부모가 오랜 세월 동안 축적한 경험과 지식을 바탕으로 자식을 가르치려는 행위는 당연할지 몰라도 자식들이 반복적인 강요로 인해 지나치다고 느낀다면 오히려 반감으로 인해 삐뚤어진 사고의 원인이 될 수도 있다. 그렇듯 지나친 관심이나 개입 등은 오히려 간섭으로 여겨지기 때문에 적당한 수준의 관심과 격려로 사회적 관계를 유지하는 지혜가 필요하다.

특히 사춘기에 접어든 자식이나 MZ세대는 자신만의 특별한 소통 영역이 존재하기 때문에 올바른 관심이나 조언일지라도 다른 관점에서 받아들일 수도 있다. 즉, 대화의 목적이 애정 어린 관심에서 비롯되었을지라도 상대는 잔소리로 받아들여 원만한 대화가 이루어지지 않을 경우도 있음을 명심해야 한다.

특히 노년기에는 급변하는 시대의 변화를 따라가는 데에도 많은 에너지가 요구된다. 그런데도 주변 관계자들에게 과거의 경험을 내세우며 자신의 의견을 지나칠 정도로 피력하거나, 필요 이상으로 간섭한다면 구시대적 사고라는 이유로 무시되는 때도 있으므로 어느 정도 관계적 거리 유지가 요구된다.

만약 어떤 문제를 해결하는 방법에 있어서 젊은이들은 과학의 힘을 빌려 가장 간단한 방법으로 처리하려는 것과 같이 같은 방법일지라도 해결 과정에는 차이가 있을 수밖에 없다. 이 과정에서 그동안 쌓아온 경험에 비추어볼 때 다소 미흡하다고 생각되거나 문제의 해결점에 도달하는 방법이 다를지라도 묵묵히 지켜봐 주는 미덕이 필요하다.

또한 대화의 상대가 아무리 나이가 연하일지라도 반말로 대화하거나 자신이 쌓아온 경험을 강조하면서 자기주장만을 펼친다면 상대의 감정을 자극하여 대화의 주체에서 배제될 수도 있다. 따라서 가능하면 젊은이들에게 대화의 기회를 넘겨주고 가끔 조언하는 수준의 대화가 가장 바람직한 자세이다.

chapter 04

죽음학이란?

죽음학이란?

만물의 영장이라 일컫는 인간이 동물과 다른 점은 자기의식을 바탕으로 자신이 존재한다는 것을 인지하고 끝은 죽음이라는 개념을 알고 있다는 것이다. 이와 같이 인간에게는 삶의 길이는 차이가 있으나 태어나는 시작점과 사망에 이르는 끝이 존재한다. 이와 같은 사고의 자기의식이 동물에게는 없으며 오로지 현재의 삶만이 존재한다.

그러나 인간은 과거와 현재, 미래가 구분되는 사고를 바탕으로 주어진 삶을 이어가며 행복을 추구하지만, 종국에는 두렵지만 죽음을 맞이해야 한다는 사실을 부인하지 않으며 현재를 살아갈 뿐이다. 그런데 삶의 시작과 끝의 과정은 천차만별의 상황에서 다양한 형태로 나타난다. 자신의 의지와 상관없이 이 세상에 잉태되어 짧지 않은 기간 동안 부모의 서비스를 받으며 성장하고, 성인이 된 후에는 스스로 독립적으로 살다가 어느 순간 삶을 마감하게 된다. 이처럼 인간은 생로병사의 거룩한 삶의 과정을 피할 수 없다.

삶과 죽음은 별개의 개념이 아닌 하나의 묶음으로 이해해야 하므로 인간이 살아간다는 의미는 죽음과 직결된다. 하지만 사람들은 삶의 끝은 죽음이라는 사실을 잘 인지하고 있으나, 지나친 욕망과 욕구로 인해 마치 영생할 것처럼 현재의 삶을 이어가면서 자기만족을 최대화하는 데 열을 올리고 있는 모습을 어렵지 않게 볼 수 있다.

사람이 태어난다는 의미는 바로 죽음을 함축하고 있으나, 대부분 사람은 죽음이 두렵고 고통스러운 현상으로 이해하고 있으므로 아름다운 죽음을 맞이하지 못한다. 즉, 인간은 태어남과 동시에 죽음이라는 현상을 함께 인지하고 있음에도 불구하고 가끔 끝을 상징하는 죽음을 잊고 있듯이 살아가곤 한다. 역설적인 주장이지만 철학적 의미로는 마치 시작과 끝이 개념적 차이가 없듯이 삶과 죽음도 같은 개념으로 이해해야 한다.

만약 아름다운 삶의 바탕에서 아름다운 죽음을 깊이 이해하고 살아간다면 서로가 양보하고 베풀며 살아가는 이상적인 세상으로 탈바꿈하여 선의의 사회가 될 것이다. '죽음을 당할 것인가?' 아니면 '죽음을 맞이할 것인가?'의 차이일 것이다. 죽음을 맞이할 준비가 되어 있는 사람은 죽음에 대한 두려움도 없을 것이며, 사회적 관계자에게도 부담을 덜어주며 아름답게 이 세상을 떠날 것이다.

반대로 죽음을 당하는 사람은 살아온 과정을 후회하기도 하고 진정한 삶에 대한 본질적인 문제를 전혀 이해하지 못한 상태에서 오로지 채우기 위해 살다가 죽음을 앞두고 비로소 깨닫고 고통스러운 참회와 함께 저세상으로 돌아가는 모습을 떠올려보면 매우 슬픈 일이다.

인간은 속세에서는 정상적인 삶이라 할지라도 그 살아온 과정에는 행복한 순간도 존재하겠지만, 온갖 번뇌와 고통으로 뒤범벅된 삶의 연속이다. 그러한 어려운 삶을 살아왔는데도 불구하고 인생의 마지막 단계에서 자신의 삶을 깔끔하게 정리하지 못하고 이 세상을 떠난다면 부질없는 삶으로 귀결될 것이다. 그 결과는 남아 있는 가족과 살아오면서 특별한 인연을 맺었던 관계자에게 적잖은 부담을 줄 뿐이다.

죽음이라는 개념은 특정한 시점에 일어나는 단순 사건이 아니라 매우 복잡한 과정으로 인식해야 한다. 즉, 죽음이란 생물학적으로 숨이 멈추는 순간에 국한되는 사건이 아니라 살아오면서 끊임없이 복잡하게 얽힌 삶의 과정으로 인식해야 한다. 따라서 죽음이라는 의미는 두려움이나 공포의 대상이 아니라 필연적으로 맞이해야 하는 삶의 현상으로 받아들여야 한다.

또한 죽음은 삶의 과정에서 고차원의 교육을 통해 깊은 이해가 요구되는 오묘한 현상이다. 인간은 세월이 지남에 따라 죽음에 대한 성숙한 이해로 두려움에 대한 걱정에서 벗어나야 하지만, 오히려 죽음을 회피하고 부정하려는 예도 있다.

전문가들의 전언에 의하면 여생이 얼마 남지 않은 노인들은 삶에 대한 집착이 더 강하기 때문에 진정한 의미의 죽음에 대한 교육이나 설명이 생각만큼 효과를 거두지 못한다고 한다. 노인들을 대상으로 한 죽음에 대한 교육은 자신들이 잊고 싶고 외면하고 싶은 부분을 은연중에 소환하는 계기가 되기 때문이란다.

따라서 삶의 끝을 의미하는 죽음은 앞에서 설명한 바와 같이 사회적 관계 속에서 복잡하게 얽힌 현상으로 파악해야 한다. 삶의 과정에서 뇌의 기능이 정상적일 때 죽음이라는 개념에 순응하면서 미리 준비하여 복잡한 사회적 관계를 단순화하고 홀가분하게 이 세상을 떠날 수 있도록 스스로 당당하게 맞이해야 할 것이다.

말기 불치의 질환을 앓고 있는 사람들의 경우 죽음 앞에서 정신적으로 우울증에 빠질 수 있으나, 죽음에 대한 교육을 통해 인격적으로 성숙해 있다면 자신이 죽음 직전의 상황일지라도 적극적으로 수용할 수 있을 것이다. 이와 같은 현상을 고려하여 불치의 질병으로 죽음을 앞둔 사람들이 정신적 고통에서 벗어나 평온한 상태에서 마지막 순간을 맞이할 수 있도록 환자의 신체적, 정신적, 사회적, 영적 돌봄의 호스피스(Hospice)* 서비스를 제공하기도 한다.

* 임종자들이 죽음을 받아들이고 희망 속에서 가능한 한 편안한 삶과 죽음에 대한 총체적 접근이다.

죽음에 대한 견해

안타깝게도 현재 우리나라의 노인 자살률이 OECD 국가 중 가장 높은 것으로 나타났다. 자살하는 사람들은 대부분 극단적 선택이 자신의 고통과 번뇌가 없어져 사후에는 아무것도 존재하지 않으리라 믿고 있다. 그러나 극단적 선택은 엄청난 죄를 범하는 것으로 사회적 관계를 통째로 부정하는 행동이다.

우리는 대부분 살아가면서 삶의 질을 높이고자 욕망의 굴레를 벗어나지 못하고 끊임없이 부와 명예를 통해 삶의 무게를 증가시킨다. 실질적으로 우리나라 사람들은 인생의 끝을 잊고 살아가기 때문에 인생을 잘 마무리하는 데에는 소홀한 측면이 있다. 이와 같은 현상으로 우리나라 사람들은 자신에 대한 죽음의 개념을 부정적 시각으로 바라보고 언급하는 것 자체를 좋아하지 않는 예도 있다.

심지어는 자신의 불필요한 생명 연장을 위해 첨단 의학에 기대여 무의미한 삶을 이어가기도 한다. 죽음에 대한 두려움을 순간의 고통과 번뇌로 대체하며 삶에 집착하는 것은 전혀 죽음이 준비되지 않고 오히려 불행한 죽음을 당하고 있는 것이다. 최근에는 의술의 발달로 인해 잠시의 생명을 연장하기 위해 대부분 사람이 자의 혹은 타의로 병원에서 장기간 머물거나, 죽음을 병원에서 맞이하고 있다.

그러나 숨은 쉬고 있으나, 이미 정상적인 삶의 기능이 정지된 경우에도 무작정 병원의 의료진에 위탁하고 있는 모습을 지켜보면서 수많은 임종을 경험한 전문 의료인들은 곱지 않은 시선과 함께 안타까운 마음을 피력하고 있다. 만약 죽음을 미리 준비했더라면 자신의 주거 공간에서 주어진 삶의 끝을 받아들이면서 여유롭게 밝은 모습으로 생을 마감할 수 있을 것이다.

죽음은 삶의 아름다운 성장이다

미국, 일본, 독일 등 선진국의 경우 수십 년 전부터 '죽음학'이 학교 정규 교과목으로 지정되어 자기 죽음에 대한 개념이 어린 시절부터 정립되어 있다고 한다. 그러나 우리나라는 전혀 죽음의 개념에 대한 교육이 이뤄지지 않고 복지회관이나 노인들을 대상으로 실시되는 것이 전부다.

이와 같은 현실 가운데 평상시 죽음의 개념에 대해 아무런 준비가 없는 상태에서 막상 불의의 사고나 예기치 않은 질병에 의해 자신의 얼마 남지 않은 생명의 사실을 통보받게 되면, 비로소 자기 죽음에 대해 심각하게 받아들이게 되는 것이다. 이 과정에서 삶에 대한 욕구는 누구에게나 주어지는 현상이기에 받아들이는 자세는 천차만별이다.

인생의 길이가 정해져 있다는 사실은 모두 인정하면서 실제로는 나이와 상관없이 죽음의 목전에서는 생명에 대한 욕구로 인해 육체적·정신적 고통이 뒤따르기 마련이다. 따라서 아름다운 죽음에 대한 사회적 공론화와 제도적으로 학교 교과 과정에서 죽음에 대한 교육을 포함하여 생명을 중시하는 사상이나 죽음이 모든 것의 끝이 아니라는 사실을 인식시킬 수 있어야 하겠다.

삶과 죽음 그리고 존재와 소멸은 동전의 앞뒷면처럼 하나이듯 삶을 잘 살아가는 것만큼 죽음도 잘 받아들이는 마음가짐이 매우 중요하다. 인간으로 태어나 살아가는 동안 품위 있는 삶을 원하고 있는 만큼 죽음도 아름답고 평화롭게 맞이해야 할 의무와 권리가 있다. 여기에서 품위 있는 죽음이란 두려움에서 벗어나 편안한 마음으로 죽음을 맞이하는 것이며, 가족이나 사회적 관계자들에게 부담을 주지 않고 떠나는 것이다. 그렇지 않고 죽음을 부정하거나 삶에 너무 집착하면 구질구질한 삶으로 생을 마감하게 될 것이다.

젊었을 때부터 죽음을 미리 배우고 성찰한다면 주어진 삶이 찬란하게 빛날 것이며 가치를 더해주는 죽음이 될 것이다. 장담하기에는 어려움이 있으나, 필자도 죽음 앞에서는 당당한 자세로 임하면서 그동안의 세월에 묻힌 삶에 감사하며 행복한 마음으로 이 세상을 떠나고 싶다.

죽음과 죽어감의 차이

인생은 누구나 한번 태어나서 언젠가 죽는다는 것을 모르는 사람은 없을 것이다. 그러나 죽음이라는 현실을 받아들이는 형태는 매우 다양하다고 할 수 있다. 어떤 사람은 삶에 대한 격한 후회로 인해 고통과 번뇌와 함께 죽음을 맞이하기도 한다. 또한 어떤 사람은 죽음을 편안한 마음으로 받아들이고 살아있는 그 순간의 삶을 위해 최선을 다하면서 죽음은 또 하나의 삶이라는 개념과 함께 아름답게 준비된 죽음을 맞이하는 사람도 있다.

전자는 단순한 '죽는다(Die)'로 표현되고 후자는 '죽어가는(Dying)'으로 표현될 수 있을 것이다. 바꿔 말하면, 단순히 '죽는다'는 죽음이 준비되지 않은 죽음을 의미하고 '죽어가는' 죽음은 잘 준비된 죽음

(Well Dying)을 의미한다.

호스피스 병동에 근무하면서 약 1,000명의 임종을 지켜보았던 어느 의사는 병동에서 마지막 죽음을 맞이하는 환자의 모습에서 진정한 삶의 가치를 엿볼 수 있었다고 한다. 호스피스 병동은 더 이상의 연명치료를 위한 목적이 아니고 종교나 심리적 지원으로 편안한 죽음을 맞이할 수 있도록 돌봄 서비스를 제공하는 곳이다. 따라서 호스피스 병동에 입원하는 환자들은 이미 자기 삶의 좌표를 정확하게 인지하고 있어서 오히려 과거의 삶을 돌아보면서 고통과 번뇌를 잊어버릴 수 있는 순간의 삶에 대한 가치를 느낄 수 있는 심리적 치료가 우선되어야 할 것이다.

아름다운 죽음을 맞이하는 준비된 환자는 죽음 후의 일까지 예상하여 원만하게 사전에 모든 것을 정리하는 경우가 대부분이기 때문에 죽음 앞에서도 두려움과 정신적 고통 없이 살아있음에 감사하는 마음으로 행복하게 미소를 지으며 하루하루를 즐긴다고 한다.

죽음이 준비된 환자는 통증이 엄습해 올지라도 통증의 정도가 약하게 느껴진다는 의료진의 연구 결과가 말해주듯 환자의 생각과 사고의 차이는 죽음의 과정에 많은 영향을 미친다는 것은 분명하다. 이처럼 죽음이라는 현상을 삶의 과정으로 인식하고 살아가는 사람들은 죽음의 문턱에서도 특별한 정신적 고통 없이 받아들이면서 비교적 편안하게 떠날 수 있을 것이다.

무덤이란?

인간이란 타의에 의해서 이 세상에 태어나 저마다의 삶을 영위하다가 언젠가는 흙으로 돌아간다는 사실은 모두가 인지하고 있는 불변의 진리이다. 단지 삶의 과정과 길이가 다를 뿐이고 삶 속에서 짊어진 무게가 천차만별일 뿐이다. 그러나 생을 마감하고 싸늘한 주검으로 변하면 주변에 남아있는 사람들은 무섭고 두려운 사물로 취급하기도 한다.

필자도 지금까지 숙성되지 못한 탓인지는 모르겠으나, 두려움에 의한 선입견으로 이미 돌아가신 부모님의 시신을 제외하고 지금까지 시신을 본 경험이 없는 것 같다. 이처럼 세상 모든 이들이 주어진 세상을 마감하면 같은 상황에 부닥칠 수 있다는 것을 잘 알고 있음에도 불구하고 대부분 시신이나 무덤을 멀리하는 경향이 있는 듯하다.

이와 같은 인식의 차이는 종교나 문화에 따라 많은 차이가 있는 것 같다. 가톨릭을 비롯한 대부분 종교인은 죽음을 하나의 삶의 절차로 인식하고 비통한 감정으로 떠나보내지 않는 것 같다. 우리나라의 장례문화는 남아있는 사람들이 슬퍼하면서 하늘나라 천국에 갈 수 있도록 간절히 기도하지만, 실제로는 남아있는 사람들의 안녕을 위한 의식행사로 여겨지기도 한다.

예를 들면, 남편의 죽음에 남아있는 가족의 경제를 걱정하면서 비통한 마음으로 통곡하기도 하고, 비교적 젊은 나이에 죽음을 맞이한 자식이나 부모를 떠나보내면서 망자보다 무의식적으로 산자를 걱정하는 듯 의식이 진행되기도 한다. 또한 망자의 무덤은 가능한 한 거처에서 멀리 떨어진 곳에 안치하여 산자와의 거리를 유지하는 것이 우리나라의 일반적인 장례문화이다. 그러나 서양이나 가톨릭에서는 무덤을 가능하면 거주하는 주변에 안치하는 풍습을 따르고 있다.

유대인들은 무덤을 종말이나 죽음의 상징이 아니라 생명과 희망의 상징으로 여겨 항상 마을 가까이에 안치한다고 한다. 바꿔 말하면, 모든 종말을 의미하는 무덤도 유대인에게는 밝은 미래를 약속하는 상징으로 여기는 것이다. 이처럼 무덤에 대한 철학이 유대인 자손의 핏속에 흐르고 있어서 400여 년 동안 이집트의 노예 생활 역사에도 불구하고 유대인들은 희망을 버리지 않고 정의롭게 살아갈 수 있는 원동력이 되었다.

그 결과 오늘날 유대인들은 인종 갈등으로 인한 온갖 핍박 속에서 흩어져 살아왔지만 전 세계 곳곳에서 더불어 살면서 과학과 경제 분야의 선두 주자로 살아가고 있으며, 자기들만의 독특한 교육 방법으로 유대인들의 삶에 대한 확고한 원칙을 자손들에게 흔들림 없이 물려주고 있다.

삶과 죽음은 하나이다

인간은 태어나서 잠깐 세상에 머물다가 다시 저세상으로 돌아가는 현상의 주체이다. 인간이 아름답고 만물의 영장으로 칭송받는 이유는 감정과 사고를 바탕으로 지혜를 발산하며 살아가는 동물이기 때문이다.

그러므로 인간은 생각할 수 있고 느낄 수 있는 감정이 존재하기 때문에 특별한 변화를 추구하기도 한다. 아무리 달콤한 음식이나 향기로운 음료를 좋아할지라도 지속적으로 과다하게 섭취한다면 그 달콤함과 향기로움도 사라지게 되고 오히려 건강에 해로운 질병을 초대하는 원인이 될지도 모른다.

죽음은 삶의 과정에 불과하므로 죽음이 삶의 끝이라 해도 무리가 없을 것이다. 삶의 과정 가운데 죽음은 '죽은 일'로 생물의 생명이 없어지는 현상을 의미한다. 반면에 주검은 '시신'으로 죽은 사람의 육신을 가리킨다. 따라서 '주검'이라는 의미는 '삶'의 반대의 의미를 내포하고 있으나, 사실은 역설적인 이야기 같지만 하나의 묶음으로 보는 것이 타당하다.

인간은 잉태하는 순간부터 죽음에 이르기까지 끊임없이 공기를 흡입하고 내뱉으며 심호흡을 통해 삶을 유지하고, 인간으로서 주어진 사명을 다하고 결국은 한 줌의 흙으로 돌아간다. 그러나 인간이 심호흡을 위해 간단없이 줄기차게 들이마시는 공기는 보이지도 않을뿐더러 냄새도 전혀 없는 무색무취한 것이지만 평생을 마셔도 질리지 않는 것은 아마도 맛이 없어서 그럴 것이다.

또한 우리가 특별한 감사함 없이 삶의 수단으로 마시는 물도 맛이 없으므로 살아있는 동안에는 거부감 없이 마시는 물질이다. 그러나 생체리듬의 부동작으로 인해 이와 같은 필수적인 물질을 섭취하지 못하고 정지하는 순간의 이후를 우리는 '주검'이라 일컫는다. 인간은 적당한 기간에 이 세상에 머물다가 어느 순간에 저세상으로 떠난다는 절대불변의 진리라는 것을 소환해보면 특별히 슬퍼하거나 두려워할 필요가 없을 것 같지만 대부분 사람은 주검 앞에서 잠시 그 진리를 잊고 있는 듯하다.

이와 같이 인간은 태어남과 동시에 죽음이라는 과정이 이미 필수적으로 주어져 있어서 삶과 죽음은 하나이다. 역사적으로 특정 국가의 국왕이나 거부들도 이 세상에 머물면서 온갖 욕구를 충족시키면서 살았으나 영생할 수는 없었다.

가끔 사이비 종교의 교주들이 자신의 영생을 주장하기도 하지만, 아직 교주가 영생한다는 것을 믿는 사람은 아무도 없다. 즉, 아무리 좋은 환경과 부를 가졌을지라도 필수적으로 주어진 죽음을 피하지는 못하고 이 세상에서 사라지고 말았다.

따라서 우리는 태어나서 기복이 심한 세상을 슬기롭게 극복하면서 살아온 삶의 끝자락에서는 삶과 주검을 하나의 개념이라는 사고를 상기시키면서 아름답게 죽음을 맞이할 수 있는 마음의 자세가 필요하다. 삶의 끝자락에서 죽음을 아름답게 맞이하기 위해서는 평상시에 스스로 마음을 비우는 노력으로 마음의 고통 없이 각자에게 주어진 삶을 마감하는 지혜로운 마음가짐이 무엇보다 중요하다.

이처럼 죽음 앞에서 기쁜 마음으로 세상을 등지고 떠난다는 것은 이론적으로 가능할지 모르겠으나, 실제로는 죽음에 대한 두려움과 고통을 동반하며 떠나는 모습을 지켜보면서 아름다운 죽음은 하나의 다짐에 불과할지 모르겠다. 그러나 보다 성숙한 삶으로 주어진 생을 아름답게 마감하는 자세는 불가능한 것만은 아닐 것이다.

chapter 05

준비되지 않은 노인의 불행

준비되지 않은 노인은 불행하다

의과학의 발달로 인한 노령화와 저출산은 급격한 인구 감소와 세대 간 인구 불균형의 직접적인 원인이 되고 있다. 이와 같은 현상은 전 세계적으로 확산되고 있으므로 심각한 재앙을 불러올 수 있다고 국제 기구의 인구 전문가들은 한결같이 부르짖고 있다. 이처럼 인구 불균형을 해결하기 위해 수많은 대책을 수립하고 있으나, 해결책에 의한 긍정적 변화는 감지되지 않고 있다.

더욱이 노인인구의 급격한 증가는 국가의 생산 가능 인구가 줄어드는 결과를 초래하여 세대 간 갈등으로까지 이어지고 있다. 우리나라의 경우 2017년에 고령사회에 진입한 이후, 고령(65세 이상)의 인구 비중은 지속적으로 증가하여 인구의 20.0%(2025년 기준)를 차지하고 있으며, 고령인구의 성별 비중은 여자가 20.1%, 남자는 15.9%로 여자가 4.2% 높은 것으로 발표되었다.*

일본의 경우는 노령인구 비율이 거의 30%대에 진입하여 초초고령사회로 많은 문제를 야기시키고 있다. 우리나라도 초고령사회로 진입하여 인구의 세대별 부조화에 따른 경제 성장의 감소에 대한 특별한 대책이 요구되고 있다.

이와 같은 급격한 노인인구의 증가는 제1차 및 2차 베이비붐 세대가 은퇴 또는 은퇴 예정 중이기 때문으로 밝혀졌으나, 향후 노인인구의 증가는 지속될 것으로 예상되어 국가의 생산인력 구조의 변화로 인해 심각한 상황이 다가올 것에 대비해야 한다. 그러나 베이비 붐 세대는 불

* 2024년도 기준 우리나라 인구 통계, 통계청

행하게도 우리나라의 산업현장에서 개인적 취미나 특기 등이 무시된 채로 국가 경제를 성장시켜왔던 세대이다.

그들은 오로지 앞만 보고 경제부흥을 위해 일해 왔기 때문에 자신의 노후 대책에는 무관심했거나 소홀히 해왔다. 즉, 그동안 생계를 위한 수단으로 산업현장에서 젊은 시절을 보내면서 가족의 경제를 책임지는 주역이었기 때문에 시간적, 경제적 여유가 없었다. 따라서 급격한 경제성장의 주역이었던 베이비붐 세대의 은퇴로 말미암아 노령인구의 가파른 증가와, 아울러 그들의 사회적 복지를 위한 정부 차원의 부담도 증가할 것으로 예상된다.

우리나라보다 노령인구의 비중이 높은 일본의 경우 초고령사회 진입이 앞섰으며, 일본의 노령인구 기록은 아마도 기대 수명이 늘어나고 합계 출산율의 감소로 인해 전 세계에서 가장 높은 비중을 차지하는 것으로 나타났다. 필자는 일본의 고령화에 따른 실태를 조사하기 위해 일본의 양로원 시설을 방문하여 운영 관리 담당자의 설명과 함께 양로원에서 생활하는 노인들의 모습을 지켜본 적이 있다.

대부분 고령의 노인들이 정상적인 생활이 어렵기 때문에 간병인 역할을 하는 관리자들의 도움으로 생활하고 있었다. 이와 같은 시설이 노령인구의 증가에 따라 점점 늘어나고 있어 국가에서 부담하는 비용이 만만치 않다는 관계자의 설명을 듣고 우리나라도 머지않아 노령인구의 비중이 초초고령사회로 진입하는 상황에 철저하게 대비해야 할 것으로 생각된다.

확인되지 않은 소문에 불과한 내용이지만 일본 현지 지인의 설명에 의하면 고령인구의 증가는 예상하지 못했던 다양한 형태의 사회 문제가 발생하고 있다고 한다. 예를 들면 노령인구가 증가함에 따라 노인연금이 점점 줄어들어 병원비와 생계비를 감당하지 못해 스스로 벌인 범죄 행위로 법적인 처벌을 받아 감옥생활을 하는 노인들도 등장하고 있다고 한다. 감옥에 가면 의식주를 걱정하지 않고 생활할 수 있기 때문이란다. 또한 경제활동을 위한 일자리 구직과 관련해서도 젊은 세대의 일자리를 노인들과 경쟁해야 하는 까닭에 세대 간 갈등도 적지 않게 야기되고 있다고 한다.

언젠가 지인이 들려준 은퇴 후 어렵게 생활하고 있는 동료에 관한 이야기를 소개하면, 직장생활을 하면서 자식의 성공을 위해 공교육과 사교육에 적지 않은 비용을 부담하고 가족의 생계를 위해 휴일도 없이 취미생활은 먼 나라에 존재하는 것으로 치부하고 오로지 일밖에 모르는 가운데 나이가 들어 노후 준비 없이 은퇴하게 된 사연이었다. 은퇴 후 자식들은 직장을 위해 멀리 떠나갔거나 결혼하여 분가한 상태에서 단지 배우자와 함께 집에 머물면서 특별한 취미가 없어 삼식(아침, 점심, 저녁)이 신세가 되어 낮에는 주위의 공원 벤치에서 시간을 보내면서 늙어가는 것을 한탄스러운 마음으로 토로했다고 한다.

또한 노후생활을 위한 준비가 안 된 상태에서 은퇴했기 때문에 생계를 위해 막노동 수준의 일일 근로를 할 수밖에 없다고 한다. 그리고 자주 매스컴을 통해 알려진 사실이지만 서울의 파고다 공원에는 마땅히 갈데없는 수많은 노인이 모여 웅성거리며 서성이는 모습도 오늘날의 현실이지 않은가? 따라서 앞에서 서술한 바와 같이 불행한 노후 생활을 방지하기 위한 범정부적 대책과 개인적인 준비가 선행되어야 행복한 여생을 보낼 수 있다는 것은 자명하다. 또한 경제적으로 풍성한 상태로 노후를 즐기기 위해 스스로 젊은 시절부터 구체적이고 확실한 준비가 요구되고 있다.

특히 노령인구가 점점 증가하고 합계 출산율이 감소하는 오늘날에는 노후의 기본적인 삶에 필요한 경제력이 뒷받침되지 않으면 불행 그 자체로 여생을 마감할 것이기 때문이다. 한편, 기대수명 연장으로 인해 현재의 은퇴 나이도 개선되어 경제활동 기간도 연장되어야 할 것으로 생각된다. 그러나 무엇보다 정부가 앞장서서 인구의 노령화에 대한 대책을 수립하여 노인들이 생계를 걱정하지 않고 여생을 즐길 수 있도록 전폭적으로 지원해야 한다.

노령인구 증가에 따른 주거형태의 변화

우리나라의 전체 기대수명은 83.6년(2023년 기준)으로 성별 기대수명은 여자가 86.4년, 남자가 80.6년으로 여자가 약 6년을 더 사는 것으로 나타났다.** 이와 같은 현상은 시골의 인구구조에서 뚜렷하게 나타나고 있다. 지방의 시골 마을에는 젊은이는 찾아볼 수 없고 거의 노령의 할머니, 할아버지들만 살아가는 것으로 밝혀졌는데, 남자보다 여성의 기대수명이 길어서 할머니들이 홀로 사는 가구가 점점 늘어나고 있다.

이와 같이 노령인구의 증가는 1인 가구가 늘어나는 결과를 초래하여 정부의 복지정책에도 많은 변화가 일어나고 있다. 노인 1인 가구의 집에 비상벨을 설치하여 긴급사항에 대비하고, 고독사를 방지하기 위해 지자체의 복지 담당자가 정기적으로 순회하는 등 다양한 형태의 돌봄 서비스가 등장하기도 하였다.

가끔 아무도 돌보지 않는 가운데 홀로 사망하여 주변 사람들의 신고를 통해 인지되었다는 소식이 TV 뉴스에 보도되기도 하는데, 노인들의 1인 가구를 정부에서 아무리 관심을 쏟는다고 해도 고독사는 지속적으로 발생할 수밖에 없다.

또한 노령인구의 증가로 경제 수준에 따라 차이가 있겠으나 대부분 노후 주택이나 다가구 주택 또는 임대 주택에서 거주할 확률이 높아서 정부에서는 노령인구를 위한 주택 임대료 지원이나 노후 주택을 개조할 수 있는 비용 지원 등의 직간접 지원이 요구되고 있다. 또한 증가

** 2023년 기대수명, 통계청 발표 자료

하는 노령인구를 대비하여 노인들이 거주하는 데 편리한 형태의 주택 개발정책도 수립되어야 한다.

무엇보다 바람직한 경우는 은퇴 전에 개인이 처한 상황을 고려하여 나름대로 주거 형태를 결정하는 것이다. 현재의 노인들은 대부분 가족의 부양을 위해, 그리고 자식이 독립할 때까지 자신의 모든 것을 희생해 왔기 때문에 행복한 노후 생활을 위한 경제적인 뒷받침이 불가능하다. 특히 저출산 초고령사회에서는 누구의 도움 없이도 당당하게 살아갈 수 있는 여건을 스스로 마련하지 않으면 노후가 불행할 수밖에 없을 것이다.

이미 초고령사회로 접어든 지 오래된 일본도 노후 준비를 철저하게 준비하지 않은 사람들이 정부의 기초 보장제도와 함께 불행한 삶을 연명하는 광경을 어렵지 않게 볼 수 있다. 따라서 경제활동이 가능한 젊은 시절에 풍성한 노후 생활을 위한 구체적이고 현실적인 계획을 수립하여 경제적 원천을 마련해야 한다.

노인들을 위한 복지정책의 변화

과거에는 도로에 어린이 보호구역이라는 표식이 자동차를 서행하라는 것으로 이해하였으나, 요즘에는 지방 도로에 노인보호구역이라는 표식도 어렵지 않게 볼 수 있게 되어 노인인구가 늘어나고 있음을 증명하고 있다.

초고령사회(인구 대비 노령인구 20%)에 진입한 우리나라의 경우 급격히 증가하는 노령인구에 대한 범국가적 복지정책이 지금까지는 합리적인 수준에서 수립되었으나, 향후 초초고령사회 진입으로 늘어나는 고령인구의 복지가 한정된 국가 예산으로는 만족할만한 수준으로 진행되지 못할 것으로 예상된다. 따라서 국가의 보편적 복지정책보다 사전에 자발적으로 노후 생활에 대한 대비가 필요할 것으로 분석되고 있다.

노령이라는 이유로 국가의 복지정책에만 기대어 여생을 즐긴다는 것은 인구의 불균형적인 구조로 인해 불가능할 수밖에 없다. 생산가능 인구보다 노령인구의 증가가 빠르므로 국가가 노인의 복지를 전적으로 책임질 수 없기 때문이다.

이웃 나라 일본의 경우 노령인구가 전체 인구의 30%(2024년 기준)를 차지하고 있다. 이는 주요 선진국 중 최고이지만, 낮은 출산율 때문에 고령화율의 상승 속도는 다른 선진국보다 훨씬 더 빠르다. 이와 같은 현상은 일본 경제의 활력을 떨어뜨리고 미래를 어둡게 하는 주요 요인이 되고 있다. 인구의 노령화로 인한 사회적 불균형 현상은 우리나라도 예외가 될 수 없으므로 평소에 노후 생활에 필요한 보험이나 경제력을 확보하지 않으면 여생을 불행하게 살 수밖에 없다.

의학의 발달과 위생 관념의 확산으로 인해 인구의 노령화는 전 세계적인 현상이지만 이에 대한 정부의 지원 대책은 따라가지 못하고 있어서 노인들의 삶의 질이 점점 떨어지고 있다. 과거 스칸디나비아 반도(Scandinavian Peninsula)에 위치한 선진국들의 복지정책이 부러울 정도로 높은 수준으로 지원되었으나, 오늘날 우리나라도 이에 버금가는 노인 복지정책을 수립하여 지원하고 있다.

그러나 노인인구의 증가와 낮은 합계출산율은 정부의 과도한 예산부담으로 복지정책의 변화가 예상된다. 인구의 노령화는 수십 년 내에 연기금도 고갈시킬 수 있으므로 정부주도로 혁신적 개선책이 마련되어야 할 것이다.

직장 은퇴 나이의 변화

세계에서 인구 대비 노인의 비율이 가장 높은 일본의 경우 70대 노인들이 호텔 로비의 벨 데스크(Bell Desk)나 서비스를 담당하는 부서에 근무하는 경우를 흔히 목격할 수 있다. 인간의 평균수명은 늘어나고 있으나 직장에서 규정하고 있는 은퇴 나이는 직종에 따라 대개 60세에서 65세로 정해져 있다.

그런데 요즘 법으로 정한 은퇴 나이에는 담당했던 분야의 업무 경험이 가장 풍부하고 숙련된 상태이기 때문에 신체적으로 건강하고 근무하는 데 특별한 문제가 없다면 정년을 연장해야 한다는 여론이 확산되고 있다.

이와 같은 현상으로 인해 주변 친구들이 모두 직장을 은퇴하였으나, 대부분 자영업이나 직장에 재취업하여 숙련된 노동력을 제공하면서 제2의 인생을 즐기고 있다. 그러나 기대수명의 증가에 따른 은퇴 나이 연장은 인구의 불균형으로 인한 세대 간 갈등의 걸림돌이 될 수도 있으므로 신중해야 한다.

최근 정부는 노인들을 위한 일자리 창출과 일자리 홍보에 대한 정책을 수립하고 있으나, 아직 늘어나는 노령인구의 수요를 감당하지 못하고 있다. 이처럼 일자리에 대한 공급을 늘리기 위해 범정부 차원에서 노인을 위한 복지정책과 함께 지속적으로 양질의 다양한 일자리를 창출해야 한다.

그러나 현실적으로 한정된 자원과 산업현장의 낮은 수요로 인해 일자리는 턱없이 부족한 상태이다. 따라서 모든 세대가 더불어 살아가면서 보람된 삶을 영위하기 위해서는 정부뿐만 아니라 민간 차원의 산업계에서도 노인 일자리에 대한 배려가 필요하다.

재앙과 위험의 예방

우리는 항상 행복할 때는 불행을, 사랑할 때는 증오를, 신뢰에는 배신을, 맑은 날에는 흐린 날을, 여름에는 겨울을 분명하게 반대의 개념을 머릿속에 담아두어야 하듯이 시간의 작용과 함께 변화하는 사물에 유의하고 현재 상황에 정반대되는 경우를 예상하면서 살아가야 하는 지혜가 필요하다. 그렇지 않으면, 재앙이나 위험이 발생하였을 때 신속하게 대처할 수 없다.

또한 예상되는 재앙이나 위험을 예방할 수 있는 사전 준비가 필요하다. 바꿔 말하면, 모든 사물은 지속적으로 변화하고 있으므로 언제라도 정반대의 현상이 발생할 수 있으므로 어떤 상황이 발행하였을지라도 우리는 결코 과도한 환희에 빠지거나 비통한 마음으로 절망해서는 안 된다.

우리가 젊었던 시절에 실망하거나 증오했던 일들도 오늘날에 생각해보면 정반대로 오히려 기쁨일 수도 있다. 반대로 현재의 걱정거리가 과거에는 기쁜 일이었던 경우와 마찬가지로 인생은 항상 즐겁고 행복한 상황만 주어지는 것이 아니라 적지 않은 재난이 도사리고 있다는 사실을 명심하고 자신의 주위를 주시해야 한다.

이와 같은 사회적 현상으로 우리가 항상 겪는 사소한 재난과 번민을 위해 자신을 스스로 단련시켜야 하고, 후일에 큰 재앙이 닥친다고 할지라도 지혜롭게 대처할 수 있는 능력을 키워나가야 한다. 삶의 과정에서 예상하지 못했던 재앙을 막을 수는 없겠지만, 과거의 크고 작은 경험과 지혜를 발휘하여 최소화하기 위해 항상 긴장하지 않으면 안 된다.

chapter 06

혀를 다스리자

혀를 다스리자

'혀'는 신체 일부이자 의사를 표현하는 데 있어서 가장 중요한 역할을 담당하는 조직이다. '혀를 함부로 놀리지 마라'라는 의미는 '쓸데없는 말을 하지 마라'는 권유나 명령의 표현일 것이다. 이처럼 말의 표현을 혀에 비유하여 사용하기도 한다.

보통 인간은 상대가 무심코 내뱉은 말이 가슴에 잊지 못할 상처로 남아 고통을 겪기도 한다. 가족이나 친구 또는 직장 동료들이 대화 중 의도적이었든 무의식적이었든 상관없이 상황에 어울리지 않고 정제되지 않은 말을 건넸을 때 받은 충격으로 겪는 고통은 미움과 증오의 원인이 되어 사회적 문제로 대두되기도 한다. 옛말에 "말로 천 냥 빚을 갚는다."라는 고사성어는 혀를 통해서 표현되는 말의 중요성을 강조하는 것이다.

말은 곧 사람의 인격과 품격을 나타내는 수단이기 때문에 항상 신중함의 무게가 실리는 언어를 선택해야 한다. 어렸을 때 부모가 아이에게 무심코 던진 한마디가 아이에게 상처가 되어 평생 가슴속에 트라우마로 남는 일도 있다.

반대로 나이와 상관없이 상대의 말솜씨에 매료되어 인격이 상승하기도 하고, 사랑하는 마음이 싹트기도 하지 않는가? 정숙하고 말씨가 고운 사람은 언제나 존경받으며 훈훈한 대화를 이끌어가고, 어떤 상황에서도 주위 사람들과 관계가 원만하기 마련이다. 여러분도 정제되고 품격 있는 말솜씨로 멋진 인간관계를 주도해 나가길 진심으로 바란다.

요즘 젊은이들은 동료들 앞에서 거침없이 저속한 말을 사용하며 우쫄해하는 모습을 어렵지 않게 볼 수 있다. 마치 저속한 용어나 상대를 비하하는 속어를 사용하지 않으면 진정한 우정이 금이 가는 것처럼 생각하니 그들의 미래가 걱정되기도 한다. 고등교육기관의 대학생들로부터 들려오는 대화에서도 성별과 관계없이 온통 비속어를 사용하며 행복해하는 모습을 어렵지 않게 목격할 수 있다. 이러한 상황을 마주할 때마다 학생들의 언어순화 교육 필요성을 느끼면서 기성세대의 책임을 통감하기도 한다.

가는 말이 고와야 오는 말이 곱다

고운 말을 사용하는 것도 하나의 베풂이다. "가는 말이 고와야 오는 말이 곱다"라는 속담은 우리가 자주 사용하는 표현으로 상대방에게 존중과 예의를 갖춘 말을 해야 한다는 의미다. 이 속담은 우리가 타인에게 어떤 모습의 태도를 보이느냐에 따라 그들이 우리에게 반응하는 태도도 달라진다는 것을 내포하고 있다. 즉, 앞의 고사성어는 정중한 태도와 예의를 갖춘 고운 말은 자신에게 되돌아오는 결과를 강조하는 것으로 인간관계의 본질을 설명하는 것이다.

아무리 세상이 각박하다 할지라도 상대의 미소 띤 얼굴과 정제되고 품격을 갖춘 말에 화를 내거나 얼굴을 찡그릴 수는 없는 법이다. 물론 장소와 상황에 따라 대화의 수준이 다르겠으나, 기본적으로 정화되고 상대의 존중이 바탕이 되는 말은 대화를 부드럽게 유도할 수 있다. 그러나 말이 인간관계에 있어서 얼마나 중요한가를 인지하고 있음에도 불구하고 실제로 오가는 대화의 내용은 인격에 어울리지 않는 경우가 자주 발생하는 까닭에 언성이 높아지거나 언쟁의 원인이 되기도 한다. 성경의 민수기 14장 28절에 "그들에게 이르기를 여호와의 말씀에 내 삶을 두고 맹세하노라. 너희 말이 내 귀에 들린 대로 내가 너희에게 행하리니…."라는 내용에서도 말의 중요성을 강조하고 있듯이 인간관계에서는 자신의 말 수준대로 되돌려 받는 것이다.

이와 같은 말의 품격은 아마도 어린 시절부터 길드는 것 같다. 어린 시절 부모 말의 품격은 곧바로 전이되어 성장하면서 강화되고, 궁극적으로 자신의 인격 수준을 결정하는 요소가 된다. 이러한 이유로 직장에서 직원을 선발하는 과정에서도 부모의 직업과 성장 과정이 중요한 기준이 되기도 한다.

특히 직장 내에서 말의 품격은 개인적인 성공 여부가 결정되기도 하고, 고객에게는 소속 기업 이미지를 대표할 만큼 중요하다. 친구들 사이에서도 말의 수준이나 품격에 따라 인격과 이미지가 각인되어 친구들 간 관계 형성에 영향을 미치기도 하지 않는가? 고운 말을 사용하는 습관은 하루아침에 이루어지는 것이 아니라 앞서 설명한 바와 같이 어린 시절부터 길드는 것이기 때문에 부모가 많은 영향을 미친다.

따라서 말의 품격을 통한 성숙된 인격을 위해서는 자신의 마음부터 정화하는 노력이 필요하다. 그러나 말의 품격은 책을 통해 습득하거나, 우아한 발음 연습을 통해 만들어지는 것이 아니라 내면의 성숙함을 통해 만들어진다.

유머(Humor)는 대화의 윤활유라고 할 만큼 매우 중요한 요소 중 하나임이 틀림없으나, 화자는 유머와 농담을 구분하여 사용해야 한다. 유머는 단순히 대화 주제의 틈새를 메우는 수단으로 말의 질을 격상시킨다. 그러나 농담은 유머의 경계를 벗어나는 일도 있어 가끔 오해의 불씨가 되기도 한다. 예를 들면 대화를 부드럽고 원만하게 유도하기 위해 개인적 신상을 이용한 농담일 경우 상대방의 심기를 불편하게 할 수도 있기 때문이다.

이와 같이 화자가 의도하지 않았을지라도 농담으로 인해 가벼운 갈등을 유발하거나 심지어 대화 상대에게 상처를 주어 보이지 않는 마음의 벽을 만드는 일도 있다. 따라서 아무리 순수하고 정직한 농담이라도 오해를 불러일으켜 상대의 마음을 상하게 할 수 있는 상황은 피해야 한다. 필자도 대화를 부드럽게 유도하기 위해 주제와 관계없는 농담을 유머와 혼용하여 사용하기를 즐기는 편이나, 나이가 들어가면서 유머의 경계를 벗어나지 않는 범위에서 대화하기 위해 노력하고 있다.

그러나 아무리 친한 사이일지라도 농담이나 속어를 지나치게 사용하게 되면 대화의 진심이 흐려질 수 있으므로 TPO(Time, Place, Occasion : 때와 장소, 상황)에 어울리는 언어를 선택하여 사용해야 한다.

최근에는 온라인 의사소통(On-line Communication)의 증가로 가상 공간에서의 대화가 활발하게 이루어지고 있는데, 온라인을 통한 대화에서도 예의를 지키는 문화를 정착시켜야 한다. 일상생활에서 현대인들의 소통 수단인 이메일, SNS, 댓글 등도 상대를 존중하고 예의 바르게 대할 때 긍정적인 반응으로 이어질 수 있다.

이와 같은 원리를 잊은 채 익명성에 기대어 무례하게 대하면 상대방도 부정적으로 반응하여 불필요한 논쟁이 발생할 수도 있고, 사회적 문제의 원인이 되기도 한다. 특히 사회관계망의 악성 댓글은 당사자를 악마화하여 생명을 앗아갈 수도 있는 강력한 도구이다.

고객 서비스와 상담 업무에서도 고객이 예의 바르게 상담을 요청하면 상담원 역시 친절하게 응대할 확률이 높아지고, 역으로 무례한 말투는 상담원의 감정을 상하게 할 수도 있으므로 긍정적이고 예의 바른 언어를 사용해야 한다. 따라서 긍정적인 표현을 습관화하는 것은 상대방에게 좋은 인상을 줄 수 있는 효과적인 수단이다.

또한 칭찬과 감사의 표현으로 상대의 의견을 존중하는 태도를 보인다면 상대로부터 더 좋은 수준의 말을 되돌려 받을 수 있다는 것을 마음에 새기고 언제나 고운 말을 사용하도록 노력해야 한다.

혀의 힘은 강하다

혀를 통해 입 밖으로 나오는 말은 마음의 표현이며, 생각의 결과물이다. 또한 감정(感情)은 "어떤 현상이나 일에 대해 발생하는 마음이나 느끼는 기분"으로서 경우에 따라 긍정적인 감정이나, 부정적인 감정으로 표출될 수 있다. 긍정적 감정은 기쁘고, 즐겁고, 감사하며 편안하고, 재미있고 행복한 느낌이며, 부정적인 감정은 나쁘고 불쾌하며, 슬프고, 미워하고, 화가 나는 느낌일 것이다.

이처럼 혀의 작동으로 인한 말은 감정과 생각의 표현으로 대화의 상대에게 그 감정과 생각이 전달되어 화자의 분위기를 파악할 수 있는 수단이기도 하다. 따라서 화자의 말은 상대의 마음을 긁어놓기도 하고 위로하기도 하는 엄청난 힘을 내포하고 있다. 같은 상황에 대해 표현되는 말의 수준은 그 사람의 인격과 품격이 일치한다는 사실을 인지하고 있을지라도 격한 감정에 사로잡혀 잠시 망각하고 저급한 수준의 말을 내뱉는 경우, 그 사람의 인격과 품격은 순간적으로 무너지고 말 것이다.

반대로 감정이 개입될 수밖에 없는 상황일지라도 인내하며 숙성되고 점잖은 말투와 더불어 차분한 대화는 오히려 상대를 심리적으로 압박하는 효과의 강한 힘이 전달되는 수단이 될 것이다.

무심코 던진 말 한마디가 상대의 마음에 엄청난 상처를 안기는 일도 있으며, 반대로 절망의 늪에서 빠져 헤매고 있는 사람에게 건네는 훈훈한 한마디는 위로와 격려의 원천이 되기도 한다. "세 치 혀가 백만 군사보다 강하다"라는 말도 있지 않은가? 부정적인 감정이나 생각이 말로 표현되지 않도록 절제하고, 칭찬과 격려의 긍정적인 말로 변환하여 표현하는 습관은 온기 넘치는 인간관계의 시작점이다.

일반적으로 긍정적인 말의 수명은 짧지만, 부정적인 말은 수명이 길어 오랫동안 가슴속에 남아 고통의 원인이 되기도 한다. 또한 한 번 밖으로 나온 말은 다시 주워 담을 수 없으므로 칼을 사용할 때처럼 신중히 처리해야 한다. 특히 가까운 사이일수록 긍정적인 말을 사용하여 돈독한 관계를 유지해야 한다.

이처럼 말의 내면에는 엄청난 힘을 내포하고 있다는 것을 항상 기억하며 대화에 임해야 한다. 명심보감*의 "구시화지문 설시참신도(口是禍之門 舌是斬身刀-입은 화를 부르는 문이고, 혀는 몸을 자르는 칼이다)"라는 고사성어는 우리가 평상시에 발설하는 말이 위대한 힘으로 작용한다는 교훈을 주고 있듯이 말의 중요성을 선조들은 일찍이 깨달았다.

가끔 국회의원들의 상임위원회가 공중파를 타고 생중계되는 상황을 시청할 때 회의 중 발언하는 모습을 지켜보면서 일부 국회의원

* 원나라 말기에 출생한 범립본(范立本)이 홍무 26년(1393년)에 중국 고전에서 선현들의 금언(金言) · 명구(名句)를 엮어서 저작한 책이다.

들의 자질을 의심하게 되는 일도 있지 않은가? 아무리 심각한 상황의 의제를 중심으로 토의할 경우라 할지라도 문제의 해결점을 도출하기 위해서는 상대의 의견도 존중하면서 절충점을 찾아가는 것이 최고의 방법이다.

그러나 주제를 토의하는 과정에서 상황에 어울리지 않게 소리를 지르거나, 상대를 향해 질이 낮은 저속한 말을 퍼붓는 행위는 국민을 대표하는 국회의원의 자질이 의심스러울 정도다.

또한 대정부 질문하는 광경은 상대를 향한 막말의 최고봉이다. 자신의 소속 정당이 존경받기 위해서는 먼저 상대를 존경해야 한다는 사실을 망각한 상태에서 발언하는 모습이 참으로 안타까울 뿐이다. 지도자나 고위직 인사들이 언어순화에 스스로 앞장서서 말의 힘이 얼마나 강하다는 것을 보여준다면 건강한 사회로 거듭날 것이다.

chapter 07

가족을 위하자

가족을 위하자

가족이라는 개념은 개인과 사회 사이에 존재하는 인간의 구조적 체계로 이루어지는 가장 하위 집단이다. 즉, 혈연, 인연, 입양으로 연결된 일정 범위의 사람들로 구성된 친족 집단을 의미한다. 가족이라는 특유 집단이 탄생하기 위해서는 남녀의 성적 결합으로 출발하지만, 생명의 탄생과 성장 과정에서 자연스럽게 구성되는 가장 기본적인 사회구성체이기도 하다.

그러나 시대의 사회구조적 요인의 변화에 따라 가족이라는 내적 운영 원리가 계속 바뀌고 있다. 과거의 대가족 형태의 집단적 사고에서 오늘날의 소가족화 경향이 뚜렷하게 나타나고 있으며, 내적으로는 자유로운 인간의 대등한 결합, 인격적 유대라는 가치를 우선시하고 권위, 지배, 복종 등의 가치는 점점 무시되고 있다.

이처럼 가족 개념의 시대적 변화는 다양한 사회구조적 요인에 의한 낮은 혼인율과 높은 이혼율, 저출산, 고령화 등의 인구통계학적 요인, 남성 중심 가족제도의 변화 요인, 여성에게 유리한 정보화 요인 등이 영향을 미쳤을 것으로 생각된다.

개인의 인권과 자유가 보장되고 있는 현대사회에서는 사회적 구조를 다양하게 변화시키고 있으며, 가족 구성원이라 할지라도 구성원의 인권이나 자유가 보장되지 않는 경우 사회적으로 문제의 요인이 되기도 한다. 그만큼 개인적 인권이 보장되는 사회로 변화하고 있으므로 스스로 개인의 권리를 존중하는 자세가 필요하다. 따라서 가족의 개념과 구성원의 범위가 시대의 흐름에 따라 변화하면서 개인적 역할의 범위와 사고도 획기적으로 변화하고 있다.

일반적으로 가족은 생계를 함께하는 집단으로 특정의 기능을 수행한다. 또한 특정 집단의 '가족원' 구성은 사회의 구조와 역사에 따라 변화한다. 그러나 전체 가족원이 언제나 하나의 집단에 속하여 함께 생활하는 것은 아니다. 왜냐하면, 고용인이나 내객 등 가족원이 아닌 사람이 함께 생활하기도 하고, 학업과 취업 등 여러 가지 이유로 가족원의 일부가 일시적으로 가족을 떠나서 생활하기도 한다.

따라서 가족이라는 개념과 범위는 명시적으로 구분하지만, 생활 형태나 주거의 형식에 따라 다를 수도 있다. 물론 가족이라는 개념은 동서양을 막론하고 사랑을 바탕으로 하는 가장 핵심적 집단으로 간주하고 있으며, 모든 사회적 활동의 근본이 되는 원천적 교육의 최소 단위이다.

그러므로 가족 구성원은 나름대로 정해진 가훈을 중심으로 서로가 신뢰할 수 있는 집단이기 때문에 구성원 간 양보와 배려하는 마음이 존재하기 마련이다. 이와 같은 이유로 특정 종교계에서는 "가정은 지상의 천국이다"라고 부르짖고 있는 듯하다.

성인 자녀를 독립시키자

가족이 같은 공간의 범주에서 생활할 수 있는 기간은 한정되어 있다. 마치 평생을 같이 할 것처럼 자녀를 독립시키지 않고 보호의 명목으로 끊임없이 간섭한다면 불행을 자초하는 결과를 초래할 수 있기 때문이다. 그러나 우리나라는 전통적으로 부모의 자녀교육에 대한 지나친 열정과 보호본능으로 인해 성인의 나이에 도달하였을지라도 자녀의 의사를 무시한 채 간섭하는 경향이 있다.

서양에서는 20세가 되면 자연스럽게 독립해서 생활하는 문화가 자리를 잡고 있다. 어린나이에 홀로서기 생활에 많은 어려움이 있을 것으로 생각되지만 오히려 자녀들의 독립심을 배양하고 스스로 의사결정 능력을 키울 수 있는 계기가 될 수 있다.

부모의 무조건적 사랑이 전제되는 자식 교육으로 오로지 물질적 풍요로운 삶을 추구하는 방식의 교육은 성인이 되어 치열한 경쟁의 사회로 진입하는 데 많은 어려움이 닥칠 수 있다. "자식에게 물고기를 주지 말고 물고기 잡는 방법을 알려주라" 혹은 "돈을 안겨주는 것보다 돈을 버는 방법을 가르치라"라는 속담이 말해 주듯이 자식이 바람이나 추위에 견딜 수 있는 들풀처럼 당당하게 사회의 구성원으로서 살아갈 수 있는 지혜를 우선으로 가르쳐야 한다.

그러나 지나친 간섭과 보호 그리고 아이들을 대신하여 모든 것을 처리해 주며 양육된 어린이는 스스로 해결하는 능력보다 의지력이 강하기 때문에 수동적 행위에 치우칠 확률이 매우 높아 능동적인 삶의 방해물이 될 것이다.

또한 무조건적 자녀 사랑은 오히려 독립적 삶을 약화할 뿐만 아니라 의사 결정권을 빼앗는 것이나 다름없다. 선진국에서는 어린 시절부터 스스로 문제를 해결하는 능력을 가르친다. 예를 들면 길가에서 넘어졌을 때 부모가 일으키는 대신 스스로 일어날 수 있도록 유도하고, 스스로 옷을 착용하고 침실을 정리하도록 교육한다.

이와 같은 가정교육은 성인이 되었을 때 독립적으로 문제를 해결하는 데 도움이 될 뿐만 아니라 주어진 상황에 따른 주관적 판단의 의사 결정을 스스로 내릴 수 있을 것이다. 따라서 자녀가 성인의 나이에 이르면 자신의 삶을 스스로 이어갈 수 있도록 과감하게 독립시키는 것이 바로 진정한 자녀 사랑이다.

필자가 대학에 근무할 때 학생들을 방학 기간에 미국 자매대학에 단기 어학연수를 보냈는데, 어느 학생이 미국 생활의 근황에 대한 불편사항을 학생의 어머니로부터 전해들은 적이 있다. 대학생이면 성인인데 사소한 문제임에도 담당 교수에게 직접 전달하지 못하고 어머니를 통해 전화해야만 하는 행위는 어머니의 지나친 간섭에서 비롯된 행위일 것이다.

배우자를 섬기자

우리나라의 경우 과거 가부장적 사고가 뿌리를 내리고 있었기 때문에 '남아선호사상'이 사회적 시스템의 근간이 되었다. 그러므로 과거에 아버지는 가족을 대표하는 존재로 외부 일을 담당하고 어머니는 집안에서 자식을 양육하는 일을 비롯하여 살림을 도맡아 해야 했다. "여성은 연약하지만, 어머니는 강하다."라는 의미심장한 말까지 등장하기도 하였다.

이와 같은 사상은 많은 여성이 멸시당하고 가족 구성원의 하위 위치에서 생활해야 하는 원인이 되었다. 그러나 핵가족화와 여성의 사회활동의 적극적 참여로 인해 여성 인권이 강조되고, 사회적 활동의 자유가 보장되면서 획기적으로 개선되었으나 아직도 과거 낡은 사상의 흔적이 남아있으므로 가족 구성원들 간 갈등으로 나타나기도 한다.

특히 선진국의 경우 여성을 배려하는 문화가 확산하여 여성이 불이익을 받을 수 없도록 법제화를 통해 양성평등의 사고로 사회적 균형을 유지하고 있다. 즉, 양성평등은 남녀가 동등한 사회적 조건과 지위, 권리, 의무를 갖는 것을 가리키는 사회학 용어로 그 핵심 의미는 본원적 평등의 실현에 있다.

가족이라는 개념은 남녀의 혼인으로 출발하는 특수한 집단이므로 남녀 성비의 조합으로 구성되지만 생리 기능은 다를지라도 담당하는 일이나 역할의 구분이 점점 없어지고 있다. 예를 들면 "육아는 반드시 어머니가 담당한다.", "세탁이나 요리는 어머니의 몫이다.", 또는 "아버지는 경제활동의 주체가 되어 가족을 부양해야 한다."와 같은 가사 분담은 현대사회에서 어울리지 않는 구시대적 사고로 치부되고 있다.

즉, 가사는 남녀 구분하지 않고 상황에 따라 달라질 수 있다. 따라서 요즘은 남성이 가사를 전담하고 여성이 경제활동의 주체가 되어 외부를 담당하기도 한다. 이제는 더 이상 부엌에서 요리를 하거나 세탁 또는 육아 등이 어머니 고유의 일이 아니고, 아버지와 분담하는 일이 되었다. 오히려 신체적 우월한 기능으로 인해 아버지 일이 많아지는 현상까지 발생하기도 한다.

심지어는 성별에 의한 차별을 없애고 여성의 사회, 정치, 법률상의 지위와 역할의 신장을 주장하는 페미니즘(Feminism)으로 여성의 권리가 강화되고 있다. 페미니즘의 사회적 이슈가 자유를 원하면서 책임은 싫어하고 권리를 원하면서 의무는 회피한다는 부정적 견해도 있으나, 남녀의 공평한 권리와 사회적 참여는 거역할 수 없는 현상이다. 따라서 남녀를 구분하지 않고 서로가 주어진 상황에 따라 자연스럽게 가사를 담당하기 위해서는 배우자를 존중하고 배려하는 마음이 바탕이 되어야 한다.

아직 사회적 인식이나 먹고사는 문제해결을 위한 경제활동의 복잡한 구조로 인해 남녀의 역할이 구분되는 경향이 있다. 이와 같은 현실적 문제로 남녀평등에 대한 객관적 사고방식의 정착은 많은 과제를 던져주고 있다. 물론 국가의 경제적 수준과 종교적 신념에 따라 양성평등이라는 개념의 차이가 있겠으나, 기본적으로 인간으로서 존엄성과 존재의 가치를 인정받아야 한다는 사실을 부정하기 어려울 것이다.

다만, 주어진 정치와 사회적 환경을 비롯하여 경제적 수준과 문화적 차이로 인하여 양성평등 주의가 실현되지 못할 뿐이다. 그러나 우리는 양성평등을 지향하는 사고의 정착으로 모두가 함께 자유와 권리를 즐기며 나름대로 행복을 추구해야 한다.

가족은 행복 추구의 가장 핵심 단위로 사회생활의 근본이 되기도 한다. 만약 가족이라는 집단의 형성이 불합리하게 이루어졌다면 사회에서 추구하는 꿈도 희망도 본질적으로 강도가 약해질 수밖에 없으며, 실현

단계에서도 많은 어려움을 겪게 된다. 결혼을 통해 가정을 이루고 자녀의 잉태와 함께 진정한 집단이 형성되는데, 자녀의 양육과 가족의 생계유지를 위한 경제활동으로 개인적 꿈과 희망을 잠시 보류하면서 무거운 삶의 무게를 감당한다.

그러나 이와 같은 가족 중심의 삶은 사회생활의 시작이며 끝으로 언제나 길흉화복의 원천이 된다. 특히 노년기에는 자녀들이 성장하여 분가하고 오로지 배우자만이 나와 함께 할 수 있으므로 삶의 의미를 재정립해야 할 필요가 있다. 그렇지 않으면 배우자가 예측하지 못했던 일이 발생할 수 있기 때문이다. 노년기에는 신체적 기능이 저하되고 사회적 활동의 범위도 좁아지기 마련이다. 따라서 배우자가 나의 분신이라는 사고의 틀에서 서로가 존중하고 격려하고 위로하면서 주어진 여건 가운데 자신과 배우자의 행복을 위해 즐길 수 있어야 한다.

일반적으로 남편이 직장을 은퇴하고 집에 머물고 있으면 아내는 답답해한다고 한다. 아내도 평생 가정을 꾸리고 남편을 뒷바라지해왔기 때문에 그동안 미루어왔던 취미생활을 희망하고, 동료나 친구들과 함께 자아실현을 위한 사회활동 참여를 원한다. 그런데도 숭실사이버대학교 이호선 교수는 남편이 은퇴하고 집에 머물면 “알아주겠지, 놀아주겠지, 밥 주겠지”라며 아내의 지속적인 서비스를 원하고 있다고 한다. 그러나 이 교수는 ‘아내가 ○○○을 해주겠지’라는 구시대적 발상을 ‘내가 ○○○을 해줄 예정이다’와 같이 배우자를 우대하고자 하는 사고로 바꿔야 한다고 주장하고 있다. 왜냐하면 배우자는 목숨을 다할 때까지 나를 지켜줄 수 있는 유일한 동반자이기 때문이다. 가끔 백발의 노인 부부가 함께 손잡고 산보를 하거나 취미활동을 하는 모습이 잔잔한 감동을 주듯이 나이가 들어갈수록 배우자를 나의 분신으로 생각하며 여생을 즐기는 가운데 행복을 찾아야 한다.

chapter 08

건강을 지키자

건강이 자산목록 1호다

옛말에 '재산을 잃으면 조금 잃은 것이요, 명예를 잃으면 많은 것을 잃는 것이고, 건강을 잃으면 모든 것을 잃는 것이다.'라는 말처럼 인간의 삶 가운데 건강이 가장 중요한 부분을 차지하고 있다는 것은 부정할 수 없는 사실이다. 아무리 천문학적인 양의 부를 축적했을지라도, 그리고 최고의 명예를 얻고 존경받는다고 하여도 건강이 선행되지 않는다면 아무 쓸모없는 것으로 전락하고 말 것이다.

이처럼 건강은 건강할 때 지키는 지혜가 필요하다. 평소에 꾸준한 운동을 통해 신체를 단련하고 건강을 해치는 음식물 섭취는 자제하면서 건강을 유지해야 부와 명예가 더욱 빛을 발할 수 있다. 노령인구 증가로 주변에서 활동하는 노인들을 어렵지 않게 만날 수 있는데, 평상시에 자기 관리를 꾸준히 해온 사람들은 활력이 넘치는 것을 볼 수 있다.

특히 여성의 경우는 겉모습으로 나이를 구분할 수 없을 정도로 건강미를 드러내기도 한다. 나이가 들수록 건강관리를 어느 정도 하느냐에 따라 노화의 진행 속도가 달라진다. 노후에도 젊은 시절의 열정과 에너지를 가지고 사회활동에 참여하고 싶다면 무엇보다도 건강관리에 많은 신경을 써야 할 것이다.

과거와는 달리 최근에는 각종 스트레스나 과도한 즉석 음식의 섭취로 인해 가장 흔하게 유발되는 성인병으로 고생하는 사람들이 증가하는 추세이다. 성인병이란 보통 고혈압, 고지혈증, 당뇨병, 심장병 등을 지칭하는데 평균수명이 증가함에 따라 점점 성인병 환자도 늘어나고 있다.

이러한 질병은 일상생활에 큰 영향을 미치고, 치료와 예방이 무엇보다 중요하며, 성인병은 다양한 원인과 증상을 가지고 있어서 각각의 질병은 개인의 생활 방식, 유전적인 요소, 환경 등에 따라 다를 수 있다. 필자의 친구 중 많은 사람이 성인병 질환으로 오래전부터 매일 약을 먹고 있는 모습을 미루어볼 때 직장이나 사업으로부터 은퇴하고 그동안 즐기지 못했던 행복을 맛보기도 전에 각종 질병으로 고생하고 있다는 것이 안타까울 뿐이다.

성인병이라는 개념은 주로 성인들에게 나타나는 질병이기 때문에 불리는 병명이었으나, 최근에는 나이와 성별에 관계없이 이와 같은 종류의 질병들이 유발되고 있어 이제는 더 이상 성인병으로 불리지 않고 '현대병'으로 불려야 할 것 같다. 즉, 어린이도 당뇨와 고혈압 등의 유병 확률이 점점 증가하고 있다.

그러면 이와 같은 현상은 왜 발생할까? 의학적으로 증명을 할 수 있는 식견은 없으나 그 이유는 아마도 '스트레스(Stress)'가 주범일 것으로 생각된다. 다시 말하면 스트레스로 인한 과음과 과식, 그리고 감정통제 불능으로 인한 '화병' 등이 주요 원인이 된다는 사실이 의학계에서 보고되고 있는 것을 보면 전혀 근거 없는 이야기는 아닐 것이다. 특히 우리나라 사람들은 상대의 불합리한 언행으로 인한 감정을 표현하지 않고 가슴속에 묻고 있는 정신적 고통이 화병으로 나타나는 일도 있다.

의학의 발달로 인해 기대수명의 증가는 전 세계적인 추세이지만 무엇보다 중요한 것은 정상적인 신체기능과 함께 무병장수한다면 축복이겠으나, 노년에 각종 지병으로 인해 자발적 행동이 어려워 곁에서 보호해야 한다거나, 병원이나 요양원 등에서 간호에 의존하면서 여생을 보낸다면 불행한 삶이 될 것이다. 또한 "건강은 건강할 때 지켜야 한다."라는 의사들의 권고를 충실히 받아들여야 한다.

아무리 건강하다 할지라도 건강관리는 무시하고 신체기능의 한계를 초과하도록 무리한다면 반드시 부작용으로 인해 건강을 해치는 일도 있다. 평소에 건강하게 보였던 사람이 갑자기 쓰러져 병원으로 긴급하게 이송되는 광경을 흔하게 볼 수 있지 않은가? 대부분 가벼운 질병이 있는 사람들이 오히려 건강관리 지침을 철저하게 지켜 일병 장수하는 사람도 있다. 따라서 "건강할 때 건강을 지키자"의 원칙을 준수하며 행복한 삶을 추구해야 할 것이다.

규칙적인 운동이 건강 지킴이다

과거 가난한 시절에는 산업시설이 거의 없는 상태에서 생계유지를 위해 바다나 산에서 생산되는 먹을거리를 위해 부지런히 움직여야 했기 때문에 특별히 운동이 요구되지 않았지만, 최근에는 산업화 덕택으로 자동화 시스템이 발달하고 경제적으로 풍부하게 살고 있어서 영양의 과다 섭취와 운동 부족으로 인해 각종 질병의 원인이 되고 있다.

너무나 평범한 내용이지만 미국 속담의 "건강이 부보다 낫다(Health is better than wealth)"라는 표현은 특별히 은유적이거나 함축된 의미가 아니기 때문에 쉽게 이해할 수 있으나, 마음에 새겨야 하는 속담이기도 하다. 100세 시대를 살아가면서 요즘은 적지 않은 나이에도 불구하고 건강에 많은 관심을 가지며 살아가고 있다.

게다가 의학의 발달로 인해 많은 도움을 받으면서 건강을 유지하기 때문에 기대 수명은 점점 늘어갈 것으로 생각된다. 건강이 부보다 낫다는 것은 아무리 부유하고 재산이 많아도 건강을 잃으면 모든 것이 부질없고 소용없음을 의미한다. 바꾸어 말하면, 지금은 경제적으로 다소 어려움을 겪고 있을지라도 육체적으로 건강하다면 얼마든지 경제활동을 통해 부유해질 수 있다는 의미일 것이다.

규칙적인 운동으로 건강을 유지한다면 가족 구성원들의 정신적 건강에도 도움이 될 것이고, 자식들에게 부담을 덜어줄 수 있는 만큼 평소에 건강의 소중함을 깨닫고 돈보다 그 중요성이 크다는 인식과 함께 건강을 지켜야 한다. 만약, 몸이 불편하거나 질병으로 인해 정상적인 활동이 불가능하다면 자신감의 상실은 물론이고 주위 구성원들에게 적지 않은 부담을 안겨줄 뿐이다.

또한 질병으로 인해 경제적인 부담도 동반되기 때문에 결국은 건강을 지킴으로써 경제적 지출을 방지할 수 있다. 따라서 건강은 질병을 예방할 뿐만 아니라 노후의 삶을 아름답게 장식할 수 있는 필요충분조건이다. 요즘은 적잖은 사람들이 은퇴 후에 자신의 건강을 지키기 위해 각종 운동으로 신체를 단련하고 변화하는 자신의 육신을 몸소 체험하면서 행복감을 만끽하고 있다. 즉, 체력은 자신감을 증진하고 젊은이들과 어깨를 나란히 할 수 있는 원동력이기도 하다.

필자는 20대부터 은퇴 후 지금까지 꾸준히 규칙적인 운동을 통해 건강한 체력을 유지하고 있는데, 이와 같은 끊임없는 운동이 생활화되지 않고는 건강한 신체가 유지될 수 없다. 규칙적으로 운동을 해야 한다는 강박관념으로 인해 해외에 출장을 갈 때도 캐리어에 운동복과 운동화를 넣어가 새벽 시간을 이용하여 호텔 피트니스 센터(Fitness Center)에서 운동하였다.

이처럼 운동에 대한 열정은 생활화되어 이제는 매일 운동을 하지 않으면 오히려 신진대사의 균형이 깨지는 느낌을 받을 정도로 몸에 배어 있다. 그러나 이와 같은 규칙적인 운동이 모든 것을 해결해 준다는 의미는 절대로 아니고, 정서적인 안정도 매우 중요하다. 나이가 들어가면 근력도 떨어지고 면역력도 감소하기 때문에 이에 대한 보상 수단이 바로 규칙적인 운동일 것이다.

그러나 무리한 운동은 절대 금물이다. 규칙적인 운동으로 인해 건강한 신체를 유지하고 있을지라도 근육 단련의 핑계로 과다한 운동은 연골손상이나 근육파열 등의 부작용의 원인이 되어 운동을 포기해야 하는 때도 있다. 필자도 오랜 세월 동안 근육운동을 해 왔으나, 가끔 체력을 고려하지 않고 무리한 근육운동으로 어깨와 인대 그리고 무릎의 연골에 문제가 발생하여 장기간 고생하기도 한다. 최근에는 주로 빠른 걷기로 하루에 10km 정도 걷고 있으며, 근육운동도 평소와 달리 무게를 줄여 가볍게 마무리한다. 전문가들도 노년에는 가능하면 둘레길 수준의 길을 빠른 걸음으로 걷는 유산소 운동을 적극적으로 권장하고 있다.

씻고 바르고 다듬자

생활수준이 높아지고 문화수준이 향상됨에 따라 위생의 소중함을 스스로 깨닫고 잘 지켜지지만, 특별히 노인들은 점점 면역력이 저하되고 체력이 떨어지기 때문에 위생에 대한 관리가 철저하게 지켜져야 한다. 사회 구성원과 원활한 관계를 형성하기 위해서는 자신의 위생관리에 신경을 써야 한다.

만약, 위생관리가 소홀하여 머리비듬이 옷에 묻어 있거나 땀 분비물에 의한 고약한 냄새 또는 입에서 음식 냄새가 난다면 아마도 타인들과 인간적인 대화를 위한 거리 유지가 힘들어서 항상 위생에 관심을 가져야 할 것이다. 깔끔한 외모와 옷매무새 그리고 외출 전 샤워는 노인들이 반드시 지켜야 하는 매너이다. 또한 옷차림도 계절과 유행에 따른 패션 감각으로 자신을 표현하는 수단이 될 수 있어서 항상 신경을 써야 한다.

어느 지인에 대해 이야기해 보겠다. 시골에서 농부로 살고 있는 그 지인은 직접 키운 채소와 음식들을 싸 들고 서울에 사는 아들 집을 방문하였다고 한다. 반가워할 줄만 알았던 며느리가 시아버지를 보자마자 바로 화장실로 안내하여 씻게 했다는 것이다. 며느리에게 멸시당하고 수치를 당한 그는 그 뒤로 서울 아들 집을 절대로 방문하지 않았다고 한다. 그러나 며느리의 행동은 지탄 받을 만 하지만, 시아버지가 평소에 스스로 위생에 신경을 썼더라면 아마도 이런 일은 없었을 것이다. 우리는 아름다운 풍경을 보면 기분이 좋아진다. "보기 좋은 떡이 맛도 좋다"는 우리 말 속담도 있듯이 우리의 겉모습은 참으로 중요하다. 깨끗하고 정갈하게 다듬어진 겉모습은 상대방을 기분 좋게 만든다.

내가 사랑하는 가족이나 친구가 나로 인해 기분 좋아지면 나 또한 덩달아 기분이 좋아지고 자존감이 높아지는데. 이런 좋은 일을 마다할 이유가 없지 않은가? 위에서 소개한 지인의 이야기에서 얻은 교훈이라면 "나이가 들수록 매일매일 깨끗이 씻고 화장품을 바르고 나를 잘 다듬자."이다.

건강한 식습관을 길들이자

한 해 두 해 세월이 흐르면 외모뿐만 아니라 우리의 소화기관도 예전과 같지 않음을 느껴본 적이 있을 것이다. 젊은 시절에는 밀가루 음식이나 각종 패스트푸드(Fast Food)나 인스턴트 음식(Instant Food)을 먹어도 소화가 잘되었는데 나이가 들면서 더부룩해진다든지 배고프지 않은 증상이 나타나기도 한다. 배가 고프지 않아서 안 먹고 적게 먹다 보면 필요한 영양분 섭취를 못 하는 경우가 생긴다.

특히 면역력이 저하된 상태에서 인스턴트 음식이나 지나친 양의 탄수화물을 섭취하면 영양 불균형으로 인해 혈액을 탁하게 하거나 내장 질환의 원인이 되어 합병증을 유발할 수 있어서 균형을 고려하여 건강한 음식을 섭취하도록 주의해야 한다. 대부분 60대 이상의 노령층의 사람들은 혈압이나 당뇨 혹은 혈관개통과 관련 있는 약을 먹는 경우가 많아 합병증을 유발할 수 있는 음식은 절대로 섭취하지 않도록 해야 한다.

고대 그리스의 의사이자 서양에서 의학의 아버지(Father of Medicine)로 불리는 히포크라테스(Hippocrates)가 "음식으로 고치지 못하는 병은, 약으로도 고치지 못한다."라고 했듯이 약보다 신선한 음식으로 건강을 다스려야 한다는 의미일 것이다 즉, 무엇보다 건강을 지키기 위해서는 건강한 식단이 우선되어야 하며 적량을 적시에 섭취해야 무병장수할 수 있다.

초고령 사회를 앞두고 최근 보건복지에 대한 정부의 관심이 높아지면서 정부 주도의 건강관리가 적극적이다. 시골에는 청년 인구가 극히 일부이거나 전무인 상태에서 관할 보건소에서는 노년층을 대상으로 각종 질환에 대한 처방한 약을 거의 무료로 제공하고 있어서 집마다 이름도 생소한 약들이 수북하게 쌓여 있는 것을 어렵지 않게 목격할 수 있다.

아무리 보건복지에 관한 관심이 고조되고 있을지라도 필요 이상의 약을 복용하는 것은 국가의 세금을 낭비하는 것이다. 따라서 질병을 정확하게 진단한 후 그 알맞은 약을 최소한으로 복용하면서 자연과 함께 순응하며 살아가는 것이 최고의 방법일 것이다.

통계청 발표에 의하면 우리나라의 평균 기대수명(2024년 기준)이 남성이 86.3세, 여성이 90.7세로 OECD 평균보다 높은 것으로 나타났다. 기대수명은 점점 증가하고 있으나, 각종 질환으로 인해 자발적으로 움직이지 못하고 요양원이나 병원에서 노후를 보내는 인구도 점점 늘어나 사회적 부담이 되고 있다. 그러나 높은 기대수명보다 건강한 상태의 기대수명이 훨씬 더 중요하다.

건강수명을 늘리기 위해서는 무엇보다 젊은 시절부터 지속적인 식단관리를 통해 건강을 해치는 음식은 피하는 지혜가 필요하다. 요즘 선진국에서 나타나고 있는 고질병이 바로 영양 과다 섭취로 인한 비만이다. 심지어 비만을 질병으로 분류하여 예방과 치료법이 등장하고 있으나 절제된 식단관리를 하지 않는다면 비만은 계속해서 사회문제가 될 수밖에 없다.

건강을 자신하지 말자

필자는 나이가 들어가는 탓인지 아침에 방영되는 '인간극장'이라는 KBS TV 프로그램을 즐겨 시청하곤 한다. '인간극장'이라는 프로그램은 대부분 삶의 애환이 얽혀 있거나 건강을 극복하는 힘 등의 내용으로 구성된다. 얼마 전 필자의 마음을 울린 프로그램을 소개하고자 한다. 건강에는 자신이 있어 하던 중학교 체육 교사 부부의 이야기이다.

남편은 체육 교사로 재직하던 중 뜻밖에 직장암 판정을 받게 되면서 시한부 인생을 살게 되었다. 부부는 모든 것을 정리하고 산속으로 들어갔는데, 당시 부인은 건강한 식재료와 식단으로 남편 건강을 되찾겠다는 일념으로 채식 연구를 시작하게 된다. 부인의 노력 끝에 남편은 직장암 완치 판결을 받을 수 있었고 덕분에 부인도 요리연구가가 되었다. 이와 같은 사례가 많은 암 환자 가족에게 희망이 되어주었다는 내용이다. 그러나 그 행복은 그리 오래 지속되지 않았다. 지극정성으로 채식을 연구하여 남편의 암을 퇴치하자마자 이제는 부인이 59세의 젊은 나이에 알츠하이머(Alzheimer's disease)* 병으로 기억을 점점 잃어가기 시작하였다.

프로그램의 내용을 시청하면서 알츠하이머성 치매로 아무것도 스스로 할 수 없는 부인을 옆에 두고 목욕을 비롯하여 식사까지 준비하

---

* 이상 단백질(아밀로이드 베타 단백질, 타우 단백질)이 뇌 속에 쌓이면서 뇌 신경세포가 서서히 죽어가는 퇴행성 신경 질환이다.

여 바치고 있을지라도 부인이 살아있음에 감사하며 행복해하는 모습이 눈시울을 적시게 하였다.

치매성 질병은 수술적 치료로 고칠 수 없는 질환이기 때문에 건강은 건강할 때 지켜야겠다는 다짐을 하곤 하였다. 과거의 데이터를 보관하고 있는 뇌의 기능이 쇠퇴하면 정상적인 생활이 힘들고 점점 기억이 사라지면서 주변의 도움 없이는 살아갈 수 없으므로 고질병으로 분류되고 가정을 붕괴시키는 질병이기도 하다.

이와 같은 질병을 예방하기 위해서는 평소에 뇌의 건강을 지키는 것이 매우 중요한데 전문가들은 독서를 게을리 하지 않고 뇌의 쇠퇴를 방지하기 위해 기회가 있을 때마다 논리적 셈법을 통한 뇌 훈련을 권장하고 있다.

이화여대 서울병원 신경과 정지향 교수는 "뇌의 기능에서 가장 큰 부분을 차지하는 것이 언어 능력 회로와 손 운동 관할 영역"이라고 강조하면서 인지 활동, 운동, 마음 다이어트(Mind Diet) 등을 추천하고 있다.

첫째, 인지 활동은 신경 돌기 효율을 증가시키는 것으로 하루 100자 쓰기 등의 손을 활용, 새로운 정보나 학습 접하기, 주 2회 이상 단체 활동 등으로 뇌의 활성화이다.

둘째, 운동은 뇌 혈류를 증가시키기 때문에 1주일에 5일 이상 중강도 운동, 매일 국민체조 등의 스트레칭(Stretching), 머리를 사용하는 운동 등이다.

셋째, 혈관성 지매 예방을 위한 마음 다이어트로 견과류, 채소, 들기름 매일 먹기, 빨간 육류 줄이고 가금류나 생선류 먹기, 주 3회 이상 딸기(Berry)류 먹기 등을 권장하고 있다.

일반적으로 불치의 질병으로 여겨지고 있는 노인성 치매는 남성보다 여성이 발병률이 높다고 알려져 있다. 그 이유는 모든 질병의 원인이 되는 체내의 활성산소를 제거해 주는 멜라토닌(Melatonin)**이 남성이 여성보다 18% 이상 많이 분비되기 때문이다.

포유동물의 멜라토닌은 수면, 각성의 시점과 혈압조절을 포함한 일주기 리듬(Circadian Rhythm)의 동기화와 번식(Reproduction), 살찌우는 것(Fattening), 털갈이(Moulting), 동면(Hibernation)을 포함한 계절 리듬(Seasonal Rhythm)의 조절에 관여한다.

사람에게 멜라토닌은 송과선(뇌의 중앙에 있는 콩알 크기의 기관)으로부터 합성되어 혈액으로 분비되며, 생체 리듬을 조절해 잠을 자게 하는 호르몬(Hormone)이다. 그러나 멜라토닌은 일반적으로 야간에 분비가 되는 호르몬으로 과다하게 분비되거나 오랜 시간 체내에 작용하면 우울증이 발생하고 적으면 불면증을 유발하는 것으로 알려졌다. 그리고 대부분 효과는 멜라토닌 수용체의 활성화를 통한 것이며, 다른 것들은 항산화제로서 역할에 기인한다고 알려져 있다.

이와 같은 의학계의 보고와 같이 치매는 신체적 기능과 역할을 고려할 때 여성이 발병률이 높아서 건강을 지키기 위해 멜라토닌(Melatonin)*** 분비물에 관해 관심을 가져야 한다.

** 1958년 예일대학교의 피부과 교수인 에어런 B. 러너(Aaron B. Lerner)가 발견한 것으로 사람과 포유류 · 조류 · 파충류 · 양서류 등에서 생성된다. 멜라토닌 생성은 나이와 시간에 따라 변하는데, 밤에 훨씬 많이 생성되고 낮에 덜 생성되며, 7세 이하의 어린이에게서 훨씬 더 많이 만들어지고 성인기에는 적게 만들어진다.

*** 1958년 예일대학교의 에어런 B.러너가 다른 연구원들과 함께 발견한 물질로 잠을 유도하는 것으로 알려져 있으며, 사람과 포유류 · 조류 · 파충류 · 양서류 등에서 생성된다.

미소 짓는 당신은 아름답다

누구나 건강에 대한 욕구는 있을지라도 건강을 향상시키는 방법에는 많은 차이가 있기 마련이다. 인간의 감정은 희로애락을 표현하는 도구로써 기쁜 일이 있을 때나 칭찬받았을 때는 기분이 좋아지고, 반면 슬픈 일을 당하거나 무시당했을 때는 불쾌해지는 것처럼 우리의 일상이 어떤 상황에서든 다양한 감정과 관련이 있다.

그러나 이와 같은 감정에 의한 표정은 사람의 인성을 평가하는 기준이 되기도 하고, 타인에게 특정되는 성격으로 굳어지는 경향이 있다. 따라서 가능하면 밝은 표정으로 기인하는 외모를 연출할 수 있는 훈련으로 타인에게 안정적인 감정을 갖도록 해야 한다.

감정이 관련된 성격은 유전적인 경우도 있겠지만 어린 시절 부모의 행위로부터 배우며 성장한다. 혹시라도 부모가 다른 사람을 대상으로 화를 내고 있거나, 부정적인 표현을 사용한다면 비록 나와는 상관이 없지만 왠지 불안감을 조성하기도 한다. 이 상황에서는 부모가 자신을 향한 것이 아니라 할지라도 자신을 거절하고 있다는 감정으로 이어지고, 그 부정적 감정이 가까운 미래에는 나를 향할지도 모른다고 생각되기 때문이다.

이처럼 부모의 언행은 어린아이의 성격 형성에 적잖은 영향을 미친다. 특히 부모가 경제활동을 핑계로 어린아이의 육아를 소홀히 하거나 아이에게 직접적인 관심과 사랑을 주지 않고 제3자의 도움으로 성장할 경우 인성형성에 문제가 발생하여 사회성이 결여될 수도 있으므로 세

심한 관심이 필요하다.

미국의 심리학자 실반 톰킨스(Silvan Tomkins)는 안면 피드백 가설(Facial Feedback Theory)에서 "행복해서 웃는 것이 아니라 웃어서 행복한 것이다."라고 주장하였다. 그의 주장은 표정 변화를 통해 감정을 조절하고 원하는 방향으로 바꿀 수 있다는 의미이다. 안면 피드백에 대한 또 다른 실험에서 독일의 심리학자 프리츠 슈트라크((Fritz Strack)는 피험자들을 두 그룹으로 나누어 실험을 진행했는데, 한 그룹은 펜의 한쪽 끝을 입술로만 물게 하고, 다른 한 그룹은 위아래 어금니 사이에 펜을 물게 한 실험이다.

그 결과 펜을 입술로 물면 쭉 내민 표정인데, 어금니 사이에 물면 자연스럽게 웃는 얼굴이 된다. 그런데 펜을 사용하여 미소를 흉내 낸 참가자들이 다른 참가자들보다 만화가 더 재미있다고 하여 참가자들의 감정 표정에 영향을 받았다는 것을 이 실험에서 보여주었다.

이처럼 사람은 표정을 통해 많은 것을 느낄 수 있다는 것을 심리학자들의 실험을 통해서 알 수 있듯이 평상시에 표정이 어둡고 찡그리고 있는 사람은 긍정적인 말보다는 부정적인 말을 많이 사용한다는 것이 일반적인 견해이다. 따라서 특히 나이가 들어갈수록 자신의 건강을 위해서라도 얼굴에 미소가 머금을 수 있도록 스스로 노력해야 한다.

chapter 09

건강한 육체에 건강한 정신이 깃든다

건강한 육체에 건강한 정신이 깃든다

걱정과 피로는 정신적 육체적 질병을 발생시키고 삶을 고통으로 이어지게 한다. 이는 우리의 삶에 적지 않은 부작용을 일으키게 된다. 따라서 건강을 지키는 것은 정상적으로 살아가는 이유가 될 수밖에 없다. 흔히 사람의 행동을 지배하는 것은 육체라고 생각해 왔으나, 인간의 삶과 죽음, 질병과 건강, 성공과 실패, 행복과 불행을 좌우하는 것은 육체가 아니라 마음이다.

즉, 인간은 육체와 정신으로 구성된 통합체이다. 그동안 인간은 건강한 육신의 보존을 위해 식사를 하고 체온을 유지하기 위해 옷을 입었으며, 육체를 위해 각종 보호 장구를 착용해 왔다. 이와 같은 행위는 인간의 기본적 욕구로 생존을 위해 욕구를 충족시키려는 가장 원초적인 수단이다.

특히 건강한 육체를 유지하기 위해서 적당한 운동과 함께 신선한 음식을 섭취해야 한다는 것은 누구나 알고 있다. 그러나 인간의 기본적인 욕구와 생활환경과의 차이 탓인지 운동과 음식에 대해 균형을 이루지 못하고 비정상적 기능으로 각종 질병과 함께 약물의 도움으로 살아가는 경우도 있다.

만물의 영장으로 추앙받고 있는 인간은 의술과 의과학 연구를 해 온 결과 건강을 위해 보신을 하는 것이 아니라 인간의 생사와 질병을 지배하는 마음의 속성이 육체를 도구로 활동하고 있다는 것을 실증하였다. 따라서 인간의 마음이 얼마나 중요한 역할을 담당하는지를 스스로 깨달아야 한다.

바꿔 말하면, 정신적 건강을 다스려야 육체적 건강을 찾을 수 있다는 것이다. 그런데 정신적 건강은 적당한 휴식과 수면으로부터 기인한다는 것을 명심해야 한다. 특히 나이가 들어감에 따라 체력에 어울리지 않는 무리한 행동은 금물이다. 어떠한 경우이든 자신의 체력을 고려하여 에너지를 발산해야 하고 적당한 수면 습관으로 정신건강을 유지해야 한다.

미국의 12년 동안 역대 최장 기간 백악관의 주인이었던 32대 대통령 루스벨트의 영부인 엘리너 루스벨트(Anna Eleanor Roosevelt)는 오랫동안 힘든 백악관의 생활에서 수많은 회견과 연설 전 소파에서 앉아 20분씩 휴식을 취했다고 술회한 바 있다. 이처럼 자의이든 타의이든 인간 능력의 경계를 벗어나는 피로는 건강에 백해무익한 것이므로 평상시에 자신의 건강을 지키기 위한 적당한 휴식이 필요하다.

우리나라의 경우 일제강점기를 거쳐 6.25 전쟁으로 인해 국토가 폐허가 되어 잘살아 보겠다는 일념으로 한국전쟁 직후에 태어난 사람들은 오로지 근면 · 성실의 정신으로 산입전선에 뛰어들었다. 그늘은 정신적 · 육체적 노동의 강도가 위험수위에 다다를 정도로 개인의 건강을 희생하였으며, 그 결과 다양한 형태의 피로가 누적되어 적지 않은 고통을 호소하기도 한다.

그러나 베이비 붐(Baby Boomer) 세대의 헌신과 노력의 덕택으로 우리나라는 21세기를 맞이하면서 세계 경제 대국으로 우뚝 서게 되었고 선진국 대열에 당당하게 진입하게 되었다. 이제부터는 적당한 휴식을 통해 정신적 건강을 회복하고 걱정을 덜어낼 수 있는 내공을 길러 정신적 질병의 예방으로 나름대로 행복을 추구해야 할 것이다. 어차피 한번뿐인 인생이라면 스스로 즐거움을 찾아 행복한 삶을 꾸려나가야 한다.

선진국 대열에 진입함과 동시에 법정 근로시간이 줄어들면서 여가를 즐길 수 있는 제도가 뒷받침되었다. 과거와 같이 주위 사람들이나 직장 상사의 눈치를 살피지 않아도 자신만을 위한 시간을 가질 수 있다는 것은 퍽 다행스러운 일이 아닐 수 없다. 이제부터는 여가를 이용하여 적당한 휴식은 물론 자신의 정신적 건강을 강화하면서 걱정거리를 처음부터 차단하는 습관을 생활화해야 한다.

다니엘 조슬린(Danielle W. Jocelyn)은 "휴식은 그냥 아무것도 하지 않는 상태가 아니다. 휴식은 우리의 몸과 정신을 치유하는 과정이다."라고 하였으며, "운동은 하루를 짧게 하지만 인생을 길게 한다."라며 휴식과 운동을 강조하였다. 휴식은 절대로 아무 생각 없는 무념의 상태를 의미하는 것이 아니라 마음속 걱정을 내려놓고 육체적으로 잠시 쉼의 상태를 의미한다.

또한 걱정과 피로의 원인은 대개 과한 욕심(欲)과 거만함(傲)에서부터 기인하기 때문에 스스로 내려놓을 수 있는 자기수양이 필요하다. 인생을 살아가면서 자존심이나 프라이드(Pride)를 필요로 하는 인간사회는 인간의 욕망이 현실적으로 존재하기 때문에 꾸준히 발전해 왔지만 제한 없는 욕망추구는 부작용을 초래하기 마련이다.

더불어 살아가는 사회에서 보편적 수준을 벗어나는 개인적 욕구 충족이 잠시 자신에게 행복이 찾아온다고 할지라도 오랫동안 지속될 수 없다는 것을 항상 기억해야 한다. 따라서 일상생활에서 너무 지나친 욕구로 인한 우월적 행위보다 사회적 구성원 모두에게 인정되는 수준의 보편적 욕구와 함께 살아가는 지혜가 필요하다.

필자도 젊은 시절에는 아직 발생하지도 않은 현상들을 미리 상상하면서 온갖 걱정으로 잠을 이루지 못하고 오로지 미래에 닥쳐올지도 모른다는 생각으로 정신적 고통이 연속되는 삶을 살아왔던 것 같다. "외국 출장으로 출발시간에 맞추어 리무진 버스(Limousine Bus)를 타고

공항으로 이동할 때도 혹시나 고속도로가 복잡하여 항공편을 놓치지 않을까?, 도로에 눈이 쌓이면 늦지 않게 강의실에 도착할 수 있을까? 환절기에 준비해 놓은 외출복을 착용하고 출근하면 주위 사람들이 비웃지 않을까?" 등의 부정적 상상들로 인해 늘 걱정거리를 스스로 생산하며 살아온 것 같다.

그러나 이와 같은 걱정거리들이 90% 이상이 일어나지 않았다는 사실이다. 바꿔 말하면, 쓸데없는 걱정으로 정신건강을 해치고 있었던 것이다.

"사람은 어려움 속에서 성장한다."라는 명언을 남긴 미국의 체인 백화점 창업자인 제임스 캐시 페니(James Cash Penny)는 백화점을 경영하면서 "나는 재산을 모두 잃더라도 걱정하지 않을 것이다. 걱정은 아무런 도움이 되지 않기 때문이다. 최선을 다한 후에 그 결과는 신에게 맡길 뿐이다."라며 스스로 걱정하지 않고 미래지향적인 정신적 사고로 기업경영으로 성공한 최고경영자로 인정받게 되었다.

또한 현대그룹의 최고경영자였던 고 정주영 회장도 실패의 경험을 좌절하지 않고 오히려 성공의 빌판으로 삼아 세계적인 기업으로 성장시키지 않았는가? 과거에 일어났던 사건이나 실패는 되돌릴 수 없는 과거일 뿐이다.

누구에게나 동일하게 즐길 수 있는 현재와 미래가 존재하므로 주어진 현재를 즐기며 긍정적이고 건설적인 미래의 삶을 추구해야 한다. 따라서 아직 실현되지 않은 미래의 걱정보다 오늘이 생의 마지막인 것처럼 현재의 삶에 치중하며 자신의 행복을 위해 최선을 다해야 한다.

걱정의 80%는 실현되지 않는다

인간의 특성상 살아가면서 걱정 없는 삶을 영위하기란 거의 불가능하다. 인간은 변화하는 환경에 잘 적응하며 살아가는 만물의 영장으로 인식되고 있다. 하지만 그 환경의 변화 과정에 적응하고 극복하며 살아가기 위해서는 수많은 번뇌와 갈등으로 얼룩진 삶을 살게 된다.

또한 인간은 미래의 꿈을 간직하고 실현하기 위해 살아가는 존재이기 때문에 과거의 경험으로 축적된 정보를 이용하여 미래를 예측하고 예견되는 변화를 극복하기 위해 온갖 수단을 동원하면서 걱정하기도 한다. 그러나 그 예견되는 변화의 80%는 실현되지 않고 지나간다는 통계를 상기시켜보면 쓸데없는 걱정을 앞당겨 정신적 건강을 해치는 경우가 빈번하다는 사실이다. 물론 가까운 미래의 변화에 대한 걱정을 절대로 하지 말라는 것은 아니다.

예견되는 변화에 대한 대비는 철저히 하되 지나친 걱정보다 긍정적인 마음가짐과 함께 지혜롭고 여유롭게 준비하라는 의미이다. 만약 미래의 변화를 대비하기 위해 지나치게 걱정만 한다면, 과연 무엇이 달라지겠는가? 차라리 변화에 순응하면서 조용히 주어진 역량에 맞추어 대비하면서 즐기는 삶으로 정신건강을 강화하는 편이 훨씬 현명한 방법일 것이다.

부정적 상황의 변화가 예상될지라도 아직 실현되지 않은 상황을 미리 걱정한다고 그 상황이 해결되지 않는다. 내일의 상황에 대해 지나친 걱정으로 인해 오늘의 행복을 양보하는 것은 정신적 건강에 해로울 뿐이며 어리석은 행위이다. 물론 인간은 특별한 감정과 감성이 존재하기 때문에 다가오는 미래를 신중하게 생각하지 않을 수는 없을지라도, 너무 민감한 반응은 정신건강에 도움이 안된다.

따라서 정신적 행복을 위해 오늘을 마음껏 즐기기 위해서는 다가오는 내일을 가벼운 마음으로 맞이하여 또 다른 행복을 추구하는 삶이 되어야 한다.

무리한 운동과 에너지 발산은 독이 된다

노년기에는 신체적 노화로 인해 젊었을 때만큼 에너지를 발산할 수 없다는 것은 다 아는 사실이다. 물건을 옮기거나 텃밭을 정리할 때 자신의 신체적 환경을 고려하지 않고 청년 시절처럼 에너지를 투입한다면 무리한 근육 사용으로 인해 피로감을 쉽게 느낀다. 또한 체육관에서 정기적으로 운동할 때도 신체에 어울리는 적당한 운동으로 신체를 단련해야 한다.

필자도 은퇴 후에 주어진 신체적 상황을 고려하지 않고 청년 시절의 마음으로 무리하게 무거운 기구를 활용하여 운동한 결과 결국에는 관절과 근육에 염증이 발생하여 고생한 경험이 있다.

이처럼 노후에는 무리한 운동이나 과로로 인해 생체기능이나 신체기관에 문제를 일으킬 수 있어서 항상 적당한 수준의 운동으로 단련해야 한다. 요즘은 각종 건강과 관련된 정보가 매체를 통해 전달되고 있으나, 자신에게 모두 해당한다는 생각으로 무조건 따라 해서는 안된다. 개인적 신체의 조건에 따라 운동량을 조절하는 것이 바람직하다.

요즘 직장에서 은퇴한 남성들은 도시 생활을 벗어나 공기 좋은 시골에 제2의 보금자리를 마련하고 텃밭을 가꾸는 노후생활을 선호한다. 필자도 땅을 밟으며 잔디밭과 텃밭을 가꾸면서 집필활동을 위해 시골에 주택을 마련하였다. 텃밭에서 각종 채소를 재배해서 이웃과 지인에게 나누어 주는 즐거움과 300여 평 규모의 잔디밭을 관리하는 일이 즐겁고 행복했기 때문에 농부처럼 열심히 관리하였다.

그런데 시간이 지나면서 채소재배를 위해 100여 평의 텃밭을 계절마다 삽으로 땅을 파거나 잡초를 제거하는 활동이 너무 힘이 들었기 때문에 텃밭 일부를 포기하게 되었다. 결론적으로 주어진 체력으로 감당할 수 없었기 때문이다.

요즘은 무리하지 않고 체력이 허락하는 만큼만 즐기는 마음으로 텃밭을 가꾸기로 하였다. 이와 같이 체력을 고려하지 않고 무턱대고 텃밭을 가꾼다는 이상적인 생각만으로 제2의 보금자리를 꿈꾸는 것은 허황한 생각이라는 소중한 교훈을 얻었다.

chapter 10

꿈과 희망의 끈을 놓지 말자

꿈과 희망의 끈을 놓지 말자

어린아이들은 비현실적일 만큼 다양한 꿈들을 꾼다. 그들은 상상의 나래를 펼치면서 희망에 차서 그 꿈들을 키워간다. 나 또한 그랬다. 그러나 나이가 들어감에 따라 어린 시절 꿈은 점점 작아지기도 하고 실현되지 못한 것에 대한 좌절감으로 꿈과 희망을 포기하기도 한다. 흔히들 다가오지 않은 미래보다 중요한 것은 현재라고 하지만, 과거의 경험을 바탕으로 미래를 위한 희망을 품지 않는다면 삶의 의미는 퇴색되고 말 것이다.

어린 시절에는 꿈을 먹고 산다고 해도 지나친 표현이 아니지만, 살다보면 이런저런 이유로 꿈과 희망은 점점 작아지고 그런 꿈을 꿨던 자신이 초라하게 느껴지기도 한다. 소박하고 작은 꿈일지라도 그 꿈을 향해 한 걸음 한 걸음 나아갈 때 유쾌한 감정과 긍정의 에너지가 솟아난다면 이보다 더 아름다운 삶이 어디 있을까? 젊었던 시절 갈망하던 꿈을 각종 현실적 문제에 부딪히거나, 짊어진 삶의 무게로 인해 이루지 못하기도 한다.

그러나 끝내 포기하지 못하고 읽다만 소설책의 마지막 페이지를 읽거나, 완성하지 못한 한 폭의 그림의 마지막 작업을 수행하듯 늦은 나이에 다시 젊은 시절 가졌던 꿈에 도전하는 사례들을 보면서 감동한다. "이 나이에 무슨..., 젊었을 때나 하는 말이지..." 같이 꿈을 실현하기에 늦었다는 부정적인 생각보다 잠시 보류하고 살아왔다는 긍정적 사고야말로 도전하고자 하는 에너지의 원천일 것이다.

소박한 꿈일지라도 꿈이 있다면 아침이 상쾌해지고 생기 있게 하루를 보내고 나면 뿌듯함으로 하루를 마감할 수 있을 것이다. 그렇지 않고, 꿈과 희망이 없이 자신의 삶을 자연에 맡기고 아무 생각 없이 하루하루를 살아간다면 인생이 너무 허무하고 삶의 의미를 느끼지 못해 각종 질병의 원인이 되어 고생하면서 생을 마감할 것이다.

팔다리를 잃거나 시력이나 청력을 잃은 장애인들도 나름대로 꿈을 꾸고 스스로 희망의 에너지를 발산하며 살아가는 모습을 어렵지 않게 볼 수 있지 않은가? 하물며 정상인이 꿈을 포기하고 희망의 끈을 놓아버린다면 부끄럽고 스스로 불행을 자초하는 것이다. 삶의 질을 윤택하게 하는 것은 무엇보다 마음의 평화가 전제되어야 하고, 마음의 평화는 추구하고자 하는 꿈이 있어야 한다.

흔히 노년기에는 대부분 꿈과 희망이 없다는 이유로 젊은이들에게 양보하면서 사회활동마저 참여하는 것을 두려워하는 경우가 있다. 예를 들면 가족 행사가 있을 때 할머니나 할아버지는 손자나 증손자들에게 혐오의 대상이 되어 폐를 끼친다는 이유로 참석을 꺼리기도 한다.

그러나 과거 대가족 시대에는 "나이 많은 이와 나이 어린 이 사이에는 차례가 있다"라는 고사성어 '장유유서(長幼有序)'를 중요하게 여겨왔듯이 노인들을 공경해 왔다. 나이가 많다는 것은 사회의 변방에서 단지 생명체로 살아가는 대상이 아니라 떳떳하게 젊은 세대와 어울리며 살아가는 고귀하고 숙성된 삶의 주인공이다.

노후의 윤택한 삶과 함께 행복을 추구하기 위해서는 변화하는 사회를 긍정적으로 받아들이며 나름대로 꿈을 실현하는 데 있다. 따라서 평상시의 꿈과 희망을 실현하기 위해 끊임없이 노력하면서 도전하는 모습으로 당당하게 사회구성원의 역할을 담당해야 한다.

끊임없는 학습으로 지식을 쌓자

노년기에 모든 것을 아낌없이 버리고, 낮아지라는 권고는 절대로 모든 것을 포기하라는 의미는 아니다. 젊은 시절에 쌓아온 기능은 비교적 변화하지 않은 상태로 오랫동안 현상 유지가 가능하지만 21세기를 살고 있는 사람들이 보유하고 있는 지식은 반감기가 급격하게 줄어 짧게는 1년만 지나도 진부해지지 마련이다. 진부해진 지식이나 노후화된 낡은 지식은 버리고 끊임없는 학습을 통해 새로운 지식으로 대체해야 해야 한다.

새로운 지식의 습득을 위한 학습은 정신건강에 많은 도움이 된다는 것은 이미 의학계 논문에서 증명된 사실이다. 관심 분야의 지속적인 학습은 새로운 지식을 얻을 수 있는 유일한 도구이며, 마음의 여유를 가질 수 있는 자양분 생성으로 인해 정신을 수양할 수 있는 특효약이기도 하다. 따라서 나이가 들어갈수록 계속학습(Continuous Learning)과 평생학습(Lifelong Learning)을 통해 자신의 정신건강을 지켜야 할 것이다.

대부분 노년기에는 젊은이들보다 감수성이나 인지능력이 떨어지기 때문에 많은 것을 포기하기도 하지만, 절대로 체념하거나 포기하지 말고 부단히 노력하여 스스로 새로운 지식을 획득하여 실행하고자 하는 도전정신이 꼭 필요하다.

요즘 남녀노소 관계없이 고성능 휴대전화를 보유하고 실생활에 필요한 정보를 검색하거나 각종 앱(Apple)을 통해 각종 송금이나 통신, 엔

터테인먼트(Entertainment) 등의 편의 기능을 이용하고 있으나, 노년층은 이와 같은 편의 기능을 복잡하다는 이유로 오히려 귀찮게 생각하고 사용하지 않는다. 그러나 이와 같은 경우에도 끊임없는 학습을 통해 편의 기능을 실생활에 이용할 수 있다면 젊은이들과 동등한 수준의 능력을 보유하고 있다는 자부심과 함께 정신적인 건강을 유지할 수 있을 것이다.

나는 혼자 멍청하게 사색하는 것이 두려울 때가 있다. 그때마다 서재에서 독서하거나 글을 쓰면서 두려운 마음을 달래곤 한다. 인간은 원초적으로 부족한 존재이기 때문에 독서하면 자연적으로 마음의 문이 열리고 부족함을 채운다는 미묘한 감정이 스멀스멀 솟아나는 것을 몸소 느낄 수 있다. 이와 같이 새로운 무엇인가를 배운다는 것은 텅 빈 마음을 채운다는 느낌으로 삶의 윤활유처럼 행복한 감정을 맛볼 수 있다.

서재에서 머무는 시간은 나 홀로 명상하며 독서와 집필활동을 통해 언제나 행복한 감정을 충전하는 마음으로 즐기고 있다. 서재에서 홀로 머문다는 것은 부족함을 지식으로 채웠다는 우쭐함보다 인간의 부족함을 스스로 깨닫게 되어 숙연해지기도 한다. 이와 같은 이유로 인해 인간은 생을 마감할 때까지 끊임없이 지식을 쌓아가는 가운데 지혜를 연마하는 미완성의 존재인가 보다.

삶의 의미를 부여하자

오스트리아의 심리학자 아들러(Alfred Adler)가 "삶의 의미는 상황에 의해서 결정되는 것이 아니고 우리가 그 상황에 어떤 의미를 주었는가에 따라 결정된다."고 주장했듯이 우리는 주변의 어떤 상황에 부닥쳐 있을지라도 나름대로 의미를 부여하며 스스로 삶을 개척하지 않으면 안된다.

또한 아들러는 "우리는 스스로 자신의 인생을 만들어가지 않으면 안 된다. 그것은 우리 자신의 과제이며 우리는 거기에 대처할 수 있다. 우리는 행동의 주인이다. 낡은 것이 변화되고 뭔가 새로운 것을 창조해야 한다면 그 일을 수행할 사람은 바로 우리 자신이다."라고 강조하듯이 처한 상황을 긍정적으로 받아들이면서 자신의 꿈을 실현할 수 있는 희망을 늘 가슴에 품고 살아가야 할 것이다.

비록 노년기에 이와 같은 꿈과 희망의 폭과 깊이의 규모가 작아질지라도, 절대로 포기하지 않고 오히려 활동적으로 도전하려는 용기와 노력이 있어야 진정한 삶의 보람을 느낄 수 있을 것이다.

노년기에도 사회적 존재인 인간이라는 개념의 틀에서 벗어나지 않고 개인적인 어려움을 스스로 극복하고자 하는 노력이 필요하다. 자신의 괴로움과 불편한 상황에 힘들어 하면서 자신의 문제에만 몰두하고 주위를 돌아보지 못하는 경우가 없는지 조심스럽게 자신을 돌아보는 여유는 자신의 정신적 건강에 긍정적 영향을 미친다.

이와 같은 사고는 자신을 사랑하는 데에서 출발한다. 즉, 자신을 신뢰하고 사랑하는 사람은 타인을 보살필 수 있는 용기와 함께 사랑을 베풀 수 있는 원동력이기 때문이다. 따라서 자신을 사랑하는 믿음과 용기의 바탕에서 상황을 탓하지 않고 있는 그대로 개인적인 삶의 의미를 부여하기 위한 꿈과 희망으로 인생 후반기의 윤택한 삶을 장식하면서 멋진 여생을 보내야 할 것이다.

우리에게 인생은 단 한 번밖에 주어지지 않는다. 그러나 이 고귀한 삶은 모든 이에게 같이 주어지지만, 삶의 주체인 개인의 생활 철학이나 환경에 따라 삶의 방식은 천차만별이다. 특히 사회구성원으로서 살아가는 특별한 존재이기 때문에 스스로가 만족하면서 행복한 삶을 만들어 가는 예술가로서 두 번 다시 주어지지 않는 아름다운 삶의 작품을 완성해야 한다.

그러나 현실의 사회는 대부분 보편적으로 인정되는 긍정적인 삶을 영위하면서 행복을 추구하지만, 반대로 부정적인 삶으로 자신의 고귀함을 잊은 채 주변의 사회적 구성원들에게 피해를 주면서 살아가는 사람도 있다.

"虎死留皮 人死留名(호사유피 인사유명-표범은 죽어서 가죽을 남기고 사람은 죽어서 이름을 남긴다)"이라는 고사성어의 의미처럼 인간은 주어진 값진 세상을 헛되지 않게 살다가 후세에 빛나는 이름과 명예를 남겨야 한다. 자신에게 주어진 소중한 삶을 함부로 사용하지 않고 이 세상에 머무는 동안만큼은 특별한 의미를 부여할 수 있는 삶의 발자취를 남길 수 있길 바란다.

팔다리의 기능을 상실한 장애인도 입으로 붓을 물고 글을 쓰고 컴퓨터 자판을 두들기며 글을 쓰는 이유는 오로지 꿈과 희망을 실현하기 위한 행위일 것이다. 가진 것 없는 사람이 조금씩 늘어가는 경제적 여건과 여유로운 마음을 스스로 발견할 때 오늘을 즐기며 희망찬 내일이 기다려질 것이다.

장애가 있는 사람이 주어진 환경에 적응하면서 도전하려는 마음가짐으로부터 살아있음에 감사하며 값진 오늘을 즐겁게 보내고 내일의 희망을 실현하기 위해 최선을 다하는 모습에서 우리는 감동한다. 이처럼 우리보다 열악한 조건의 환경에서도 꿈과 희망의 불을 유감없이 지피며 삶의 의미를 부여하고 있다는 것을 상기시키면서 한 번밖에 주어지지 않은 생을 나만의 독특한 삶으로 명예로운 이름을 남겨야 하지 않을까?

신체기능이 정상적으로 작동하고 있는 사람으로서 부끄러운 생각이 들었던 일화를 소개하고자 한다. 한국전쟁 당시 어린이가 들녘에 버려진 폭탄을 가지고 놀다가 뇌관이 터져 상해를 입었는데 미국 군인의 도움으로 가까스로 병원으로 옮겨져 긴급 수술을 하였으나, 오른쪽 팔과 양 눈을 잃고 말았다.

그러나 그는 좌절하지 않고 맹인학교에 입학하여 열심히 공부하고 왼손으로 피아노를 배우기 위해 밤잠을 줄이면서까지 연습하였다고 한다. 그 결과 그는 맹인학교에서 음악 선생님을 거쳐 교장 선생님으로 근무하면서 교회의 전도사로 활동하고 장애인들에게 남다른 용기를 주고 있다.

교장 선생님이자 교회 전도사인 그가 대학에 초청되어 신체적 장애를 극복하고 살아온 산 경험을 바탕으로 강의할 때 참석자 대부분이 눈시울을 적시곤 하였다. 강의는 비록 신체적 장애를 갖고 있지만 살아있음에 감사하고 자신은 '사랑받기 위해 태어난 사람'이라는 내용이었다. 특별히 필자의 마음을 감동시킨 것은 바로 강의를 마치고 피아노를 연주하면서 찬송가를 부르는 모습이었다. 앞을 볼 수 없는 맹인이 한 손으로 피아노를 연주하는 모습을 상상해 보기 바란다.

chapter 11

나이가 들면 많은 변화가 동반된다

나이가 들면 많은 변화가 동반된다

현대의학의 도움으로 놀라울 정도로 수명이 늘어나고 있다. 따라서 직장의 은퇴 나이를 연장해야 한다는 사회적 합의가 이루어지고 있다. 심지어 "은퇴 후 꿈이 무엇입니까?"라는 질문을 받을 정도로 노년의 삶이 점점 중요한 이슈로 대두되고 있다. 이와 같은 현상은 인간의 기대수명이 늘어나면서 자연스럽게 등장하게 되었는데, 그만큼 인생의 후반기 삶에 대한 관심이 고조되고 있다는 증거일 것이다.

이제는 더 이상 자기 관리를 잘 한 사람은 외모로 나이를 가늠할 수 없을 정도이다. 의학계 전문가들의 말에 따르면 향후 첨단의학이 발달하게 되면 신체의 유전자를 바꿀 수 있는 의술로 인해 인간의 수명은 더욱더 늘어날 것이라고 한다. 이와 같은 상황이 현실화된다면 인구통계학적 변화에 따른 혼란도 예상되지만 건강과 긴 수명은 인간의 기본적인 욕구인 만큼 과학의 발달과 함께 건강 수명은 꾸준히 증가할 것이다.

그러나 인간의 수명연장은 분명히 한계가 있다. 즉, 억지로 인간의 존엄을 파괴하면서까지 수명을 연장한다는 것은 무의미할 것이다. 어쨌든 현재의 수명을 고려할 때 나이가 들어가면 신체적 변화로 우리 몸의 장기들은 점점 기능이 약화될 수밖에 없다. 나이가 들어감에 따라 시력과 청력은 떨어지고 흰머리는 늘어나고 신진대사 작용의 기능도 점점 약화된다.

가수 장은숙의 노래 '함께 춤을 추어요'의 "…. 당신의 검은 머리엔 어느새 하얀꽃 피고 당신의 웃음 속엔 눈물자국이 있어요." 가사처럼 늙어감에 따라 신체적 변화는 피할 수 없는 현상이다. 이와 같은 변화를 부정적인 시각으로 받아들이는 것보다 긍정적으로 생각할 수 있는 발상의 전환이 필요하다. 수명을 다할 때까지 기쁘고 즐거운 마음으로 산다는 것은 그리 쉬운 것은 아니겠으나, 자기 수양을 통해 마음을 비우면서 스스로 행복을 찾아야 할 것이다.

늙어간다는 것은 아름다운 현상으로 저녁노을과 같은 것이고 과일이 익어가고 곡식이 여물어가는 것과 같은 것이다. 결코 이 세상을 떠날 날이 가까워진다는 것만을 의미하는 것이 아니다. 중견 가수 조항조의 노래 '나이가 든다는 건'의 가사는 어른들에게 많은 것을 시사한다. "눈이 침침한 것은 필요한 것만 보라고 하는 것, 이가 시린 건 연한 음식만 먹으라 하는 것…. 깜박하는 건 좋은 추억만 기억하라는 것, 머리가 하얀 건 더 멀 리에서도 잘 보이란 것"의 내용을 자세히 살펴보면 늙어간다는 의미를 아름답게 희화화면서 위로하고 있다. 이처럼 우리는 늙어가는 현상을 기쁜 마음으로 받아들이면서 생을 마감하는 순간까지 자신의 존엄을 지키며 살아야 한다.

그러나 나이가 들었다고 스스로 삶의 영역을 줄이라는 의미는 절대로 아니다. 젊은 세대와 보이지 않는 경계를 설정하고 무조건 양보하라는 것은 더더욱 아니다. 다만 젊은 시절의 왕성한 활동을 할 때처럼 일일이 인간관계에서 발생하는 각종 현실적 현상을 간섭하면서 살아가기엔 너무나 벅차고 세대 차이를 극복하는 데 한계가 있어서 가능하면 단순한 삶 속에서 자기 행복을 추구해야 한다.

흔히들 신체적 변화가 50대와 60대가 다르고 60대와 70대가 다르다는 느낌을 자동차 속도에 비유하여 표현하기도 한다. 이와 같이 노년의 신체적 변화는 피할 수 없는 현상으로 적당한 운동과 규칙적인 생활을 통해 스스로 균형 잡힌 생활의 틀을 창조해야만 값진 삶을 이어갈 수 있다.

노자는 "상선약수(上善若水)-인생을 살아가는 데 최상의 방법은 물처럼 살아가는 것이다."라고 하였다. 그 이유는 첫째, 물은 지극히 유연하여서 다양한 형태의 그릇일지라도 거역하지 않고 그릇의 모양에 따라 형태를 바꾼다. 둘째, 물은 스스로 높이려 하지 않고 낮은 곳으로 겸허하게 흘러간다. 셋째, 무서운 에너지를 비장해하고 있다. 급류가 되면 아무리 크고 강한 바위라도 밀쳐내고 부수기까지 한다. 나이가 들어가면 노자가 주장하는 물처럼 유연하지만 강한 에너지를 지닌 존재로 숙성된 삶을 꾸려나가야 하겠다.

인간이 늙어가는 의미

과거 평균 수명이 비교적 짧았던 시대에는 특권층의 극소수만이 노년의 삶을 누렸으나, 현대에는 과학과 의학의 발달로 인해 대부분의 사람들에게 노년의 삶은 하나의 보편적 삶으로 받아들여지고 있다. 따라서 삶의 끝자락 단계의 의미를 새롭게 정의해야만 하는 단계에 이르렀다. 즉, 인간의 수명이 점점 증가함에 따라 과거에는 불필요했던 삶의 방식이 복잡한 얼개로 재조명되면서 만인의 관심사와 함께 주목받고 있다.

더욱이 삶의 질이 향상되면서 개인주의와 향락 위주의 생활이 널리 인정되고 실천되어 삶의 정의와 의미는 점점 복잡해지기 시작되었고, 과거 삶의 방식을 근본적으로 바꿔 놓았다. 과거의 사고방식을 소환해 보면 노년에는 스스로 생활범위를 좁혀가면서 수동적인 삶을 영위하는 경우가 대부분이었다.

그러나 최근에는 뒤늦게 자신의 꿈과 희망을 향해 도전하는 삶, 독립적인 삶을 즐기는 노인들이 많아지고 있다. 이들이 또한 건강한 사회를 만들고 이들의 삶을 응원하기 위한 사회적 지원도 활발하게 이루어지고 있다. 은퇴 후 또는 은퇴 나이임에도 불구하고 경제활동을 하는 사람들로 인해 세대 간 갈등도 다소 존재하기는 하지만 그들의 삶을 응원하는 분위기가 조성됨으로써 사회적 인식도 점차 바뀌어 가고 있다.

육신이 주검으로 변한다는 것은 자발적 호흡이 정지되었음을 의미하는데, 이와 같은 현상은 인간을 창조한 이가 정해놓은 불변의 이치이므로 당연하게 받아들여야 할 것이다. 육체의 호흡이 멈추는 순간은 개인차에 따라 다르겠으나, 분명한 사실은 누구에게나 적용되는 진리다. 바꿔 말하면, 인간의 육체는 삶의 깊이가 늘어남에 따라 뇌와 모든 육체적인 기능이 약화하여 결국은 심장이 멈추면서 삶을 마감한다.

따라서 우리는 태어나서 생을 마감하는 순간까지의 기간을 주어진 자신의 육신을 소중히 간직하며 가장 아름다운 삶으로 장식해야만 하는 의무와 권리가 동시에 부여된 것이다. 즉, 인간은 세월이 흐르면 누구나 늙어갈 수밖에 없다는 엄연한 사실을 긍정적이고 낙관적으로 수긍하면서 자신의 노화와 마주할 수 있도록 도움을 줄 수 있는 현실적인 철학적 통찰력을 키워나가면서 한번밖에 주어지지 않는 삶을 가장 아름답게 장식해야 할 것이다.

육체적 변화는 숙명이다

아무리 의과학이 발달할지라도 시간의 흐름에 따라 육체의 변화를 다소 늦출 수는 있으나 멈출 수는 없다. 필자는 매년 팔순이 가까운 형님과 해외여행을 하고 있는데 해가 갈수록 힘들어하는 모습을 지켜보면서 나이가 들면 신체적 기능의 약화로 여행도 젊은이들처럼 활동적으로 할 수 없을 뿐만 아니라 의욕도 저하되어 이제는 가까운 거리의 이웃 나라를 벗어나 여행하기란 불가능하다는 것을 느꼈다.

또한 뇌 기능의 저하로 인해 기억력이 떨어지는 등 정상적 활동이 어려운 경우도 주변에서 어렵지 않게 목격할 수 있다. 이와 같은 현상은 성별을 불문하고 노년기에는 예외 없이 찾아오는 변화에 불과하지만 지혜롭게 스스로 관리하는 능력이 필요하다. 그리고 노년기에는 해가 거듭될수록 사고의 폭이 어린아이 같은 수준으로 회귀된다는 전문가의 연구 결과 발표를 증명이라도 하듯이 점점 단순해지면서 사회활동도 위축되기도 한다.

필자도 인생 전반기까지는 해외 출장으로 장시간 항공기에 몸을 싣고 이동하여도 특별한 신체적 불편함이 없었으나, 나이가 늘어가면서 비행기를 이용한 원거리 해외 출장 후에는 신체 에너지가 거의 고갈되어 에너지를 충전할 수 있는 특별한 방식의 휴식이 필요하였다.

저출산 고령화의 사회적 현상으로 말미암아 점점 늘어가는 노인들은 육체적·정신적 기능의 저하로 인해 특별히 지원해야 하는 엄청난 사회적 비용을 감당해야만 하므로 국가의 경쟁력을 약화하는 결과를 초래하기도 하지만, 뚜렷하게 범정부적 대책을 수립하지 못하고 있다. 더욱이 노년기에는 당뇨, 고혈압, 고지혈증 등 각종 질병에 시달려 여생을 약 복용으로 정상에 가까운 기능을 겨우 유지하면서 살아가는 사람이 늘어나고 있다.

물론 젊은 시절부터 적당한 운동과 식이요법을 통해 꾸준히 자신의 건강을 관리해 온 경우에는 이와 같은 질병으로부터 해방되어 비록 육체적 기능이 약해졌다 해도, 그나마 커다란 고통 없이 노년기를 맞이할 수 있다. 주위에서 각종 질환으로 의사의 처방으로 준비한 약을 먹는 나이가 비슷한 친구들을 볼 때마다 건강의 중요성을 깨닫게 된다. 다행히도 필자는 아직 질병으로 인한 약을 먹지 않고 있지만, 수명을 다할 때까지 커다란 질환을 앓지 않고 생을 마감하는 것이 제일의 목표다.

또한 노년기에는 기억기능의 저하로 인한 일상생활의 장애를 경험하기 일쑤이다. 심리학에서는 인간의 기억에 대한 기능을 '작동기억'과 '장기기억'으로 구분한다. 여기서 작동 기억은 말하거나 계산 또는 무엇을 생각하는 행위가 진행되는 과정에서 그때마다 사용되는 기억을 말하고, 장기기억은 매일매일의 생활 가운데 축적되는 경험이나 지식 등을 일컫는다.

작동기억과 장기기억은 별개의 개념이 아니라 반복되는 작동 기억이 장기적으로 기억되는 보완적 기능을 수행한다. 이처럼 노년기에는 장기기억 기능보다 작동 기억의 기능 저하로 인한 불편함이 다소 있지만 이와 같은 기능은 흔히 말하는 기억력 저하로 인한 망각으로 분류되기 때문에 긍정적으로 수용하는 자세가 필요하다. 다만, 개인적인 노력을 통해 저하의 속도를 늦추는 방법을 찾아야 할 것이다.

필자도 지인의 이름이 생각이 나지 않거나 물건을 어디에 보관했는지에 대한 기억기능의 저하로 작동기억 뿐만 아니라 장기기억에 대한 기능까지도 점점 저하되고 있다는 것을 몸소 느끼며 인생의 후반기를 보내고 있다. 그러나 저하되고 있는 기억력은 특별한 질병에 의한 현상이 아니라 자연적 현상이라는 것을 기꺼이 받아들이고 기억기능의 속도를 늦추기 위해 노력하고 있다.

노년기의 사회적 활동의 제한

노년기에 접어들면 사회적 구성원들로부터 인지능력이 떨어진다는 이유로 인해 자동차 면허증 반납 등과 같이 사회적 자격이 강제되기도 하고, 각종 사회적 활동의 연령제한 규정이 적용되어 활동의 범위가 점점 좁아진다.

이와 같은 사회적 현상에 대해 부정적으로 생각하거나 불만을 제기하는 예도 있으나, 인구통계학적 사회구성의 변화로 인해 피할 수 없는 과정이라 치부하고 기꺼이 받아들이며 자신의 강점을 이용한 혁신적 창조까지는 기대하지 않을지라도 작은 변화의 모습에 보람을 느끼는 삶을 이어가는 것이 바람직할 것으로 생각된다. 바꿔 말하면, 노령사회의 사회적 현상을 직시하고 노년다운 새로운 삶을 개발하며 행복을 추구하는 모습이 훨씬 아름답다는 것이다.

노년기의 사람에게 비록 사회적 활동의 제한이 있을지라도 나름대로 활발히 사회활동을 추구하는 사람들을 주위에서 어렵지 않게 목격할 수 있다. 어떤 이는 사회봉사 활동으로 소중한 시간을 보내고, 어떤 이는 값진 지식과 경험을 기부하면서 사회구성원의 역할을 담당하며 아름다운 삶을 이어가는 사람도 있다.

인지능력 부족으로 운전면허증을 반납 당했을지라도 의지만 있다면 공공 교통수단을 이용하여 얼마든지 사회활동을 할 수 있다. 나이가 들었다는 이유로 사회적 활동의 범위가 줄었을지라도 그동안 쌓은 지식과 경험은 살아있으므로 얼마든지 사회구성원으로서 활동에 참여할 수 있다. 인생의 후반부에 소중한 시간을 보내고 있을 아름다운 사람들이여! 어떤 상황에서도 위축되지 말고 깨어 있는 마음으로 무엇이든 도전하며 살아가시길...

변화를 받아들이는 자가 승리한다

인간은 본능적으로 직면한 상황이나 자연에 순응하며 살아가는 존재이지만 때로는 극복하면서 삶의 기능에 이용하기도 한다. 그러나 살아가는 방식이나 습관은 관성으로 인해 변화된 환경에 적응하는 데 적잖은 시간과 에너지가 요구되기도 한다.

이러한 과정에서 적응하지 못하고 뒤처지면 개인적 욕구나 희망의 규모가 점점 작아져 삶의 의욕을 잃는 때도 있지만, 부지런히 도전하고 노력한다면 반드시 변화를 두려워하지 않고 당당하게 맞서 지혜롭게 극복할 수 있을 것이다.

젊었을 때는 상황이나 주어진 현상에 적응하는 속도가 빠르고, 심지어는 위험한 상황이 예상됨에도 불구하고 의도적 도전을 시도해 보기도 하지만, 노년기에는 비록 속도는 느릴지라도 작은 변화에 순응하는 자세가 절실히 요구되기도 한다.

인간은 자연적이든 인위적이든 무한한 변화를 경험하면서 살아야 하는 존재이므로 변화를 순수하게 받아들이며 지혜를 발휘하여 발빠르게 적응하는 긍정적 도전 의식이 필요하다. 삶의 과정에서 발생할 수 있는 변화는 경제적인 변화를 비롯하여 가족 구성원의 변화나 자연의 변화 등 다양한 형태의 변화가 나타날 수 있다.

그러나 나날이 변화하는 사회적 현상에 적응하지 못하고 부정적 시각으로 현재의 삶을 고집하는 안이한 생각은 원활한 사회적 관계를 유지하지 못하고 소외되는 외톨이가 될 수밖에 없어서 사회적 낙오자로 낙인 될 수도 있다. 따라서 더불어 사는 인간사회에서는 현실에 충실하면서 변화를 슬기롭게 대처하기 위한 나름의 수단과 함께 적응해 나가는 것이 바람직한 방법일 것이다.

chapter 12

나 중심의 삶

'나' 중심의 삶

지구상에서 가장 부지런한 민족이 누구냐고 묻는다면 단연코 '한국인'이라고 말한다. 근면 · 성실하기 때문에 70여 년의 짧은 기간에 전쟁으로 폐허로 변한 국토를 재개발하고, 산업시설을 구축하여 선진국 대열에 진입할 수 있었을 것이다. 구체적으로는 물류 수송을 위한 산업 동맥 역할을 담당했던 경부고속도로 건설과 중동 건설 참여, 간호사와 광부의 독일파견, 베트남 전쟁에서 민간 지원 등으로 외화를 벌어들인 종잣돈으로 산업시설을 건설하고 생산된 물품과 각종 첨단 제품을 수출하면서 경제부흥을 일으킨 결과이다.

이 과정에서 수많은 산업인력이 투입되어 밤낮을 가리지 않고 현장에서 산업 전사들은 오로지 잘살아 보겠다는 일념으로 정신적 · 육체적 노동을 우선시해 왔기 때문에 자신을 위한 한가한 시간은커녕 건강도 돌보지 못하고 은퇴 나이에 접어들었다.

결과적으로 60대에 접어든 사람들은 부모님이 헌신하며 앞만 보고 살아온 잠재적 피해자라는 것을 인지하면서 삶의 현장을 똑똑히 지켜본 세대이기도 하다. 그 부모들은 다산으로 엄청난 인구팽창의 장본인으로서 짊어진 삶의 무게를 견뎌내야 했으므로 자신을 돌볼 수 있는 여력을 상실한 채 어렵게 살아왔다.

젊었을 때는 나의 본심을 숨긴 채 주위의 주어진 상황에 무조건 동조해야 하는 경우가 많았던 것 같다. 상황이 옳지 않다는 것을 분명히 인지하고 있었음에도, 어쩔 수 없이 자신이 잠재적으로 다가오는 사회적 벌을 받지 않기 위해 동조한 경험이 있을 것이다. 필자도 어떤 상황에서 소수가 주도적으로 추진하는 의제나 문제가 나의 방향과 전혀 어울리지 않는 것임에도 불구하고 자신이 따돌림 받는 상황이 두려워 타의에 무조건 동조는 경향이 있다.

이와 같은 동조심리는 자신을 보호하고 따돌림이 두려워서 나타나는 심리적 현상이다. 또한 조직의 권위에 대한 보이지 않는 억압으로 불합리한 문제 해결 방안임에도 어쩔 수 없이 지시에 따르듯이 본심의 '나'를 숨기고 살아왔다는 것을 부인하기 어려울 것이다. 세상에서 가장 소중한 사람은 바로 나 자신이라는 사실을 상기시키면서 나를 사랑하는 마음을 가져야 한다. 내면에 나 자신이 없다면 나의 소중한 가치도 사라지게 된다.

아무리 '나' 중심의 삶을 추구할지라도 사회생활의 과정에서 자신의 의지만으로는 살 수 없다. 단지 '나' 중심의 삶을 위해 옳고 그름을 분명하게 판단하고 옳은 일에는 자신의 의지를 분명하게 표명하는 습관을 지녀야 한다. 그러나 심리학자들은 상황에 따라 자신의 의지와 상관없이 무조건 복종하는 행위를 실험으로 실증하였다.

미국의 예일대학교 심리학 교수인 스텐리 밀그램(Stanley Milgram)의 '권위에 대한 복종실험'에서도 실험자가 피실험자를 교사와 학생으로 구분하고 교사는 학생에게 문제를 제시하고, 한 문제 틀릴 때마다 15볼트의 전기충격을 가하여 최고 450볼트까지 전기충격을 가하는 실험을 시행하였는데, 분명히 300볼트 이상의 전기충격으로 사망에 이를 수 있음에도 불구하고 권위에 따른 지시로 450볼트까지 전기충격을 가하였다.

물론 실제로는 학생들의 의자에는 전기충격이 주어지지 않고 교사가 보는 앞에서는 고통스러운 표정을 짓도록 학습된 학생으로 피실험자를 선발하였다. 이 실험에서 폐쇄적인 상황에서 권위 있는 사람으로부터 명령받으면 거절하지 못하고 실험자의 대리로 단지 명령에 따랐으며,

학생들이 위험에 처한 상황에 대한 감각이 마비되었다.

또한 나치 독일 친위대의 장교인 게슈타포(Gestapo)*의 악명을 만든 장본인인 라인하르트 하이드리히(Reinhard Hrydrich)의 부하 아돌프 아이히만(Adolf Eichmann)도 직접 지시받고 약 600만 명의 유대인을 학살하였으나, 전후 법정에서 "옳고 그름의 판단과 관계없이 오로지 상사의 명령에 복종했을 뿐이다."라고 진술하였듯이 자신의 의지가 아니라 권위에 따를 수밖에 없는 상황에서도 밀그램의 실험을 실증하고 있다.

부모들은 한국전쟁 전후의 가난을 이겨내면서 밤낮을 가리지 않고 오로지 일을 위해 태어난 사람처럼 살아온 탓으로, 가장 소중한 자신을 돌보지 못하고 자신을 희생하면서 주어진 생을 마감하기도 하였다. 이러한 부모의 희생으로 오늘날 우리나라의 경제 규모는 선진국과 어깨를 나란히 하게 되었고, 가난한 국가를 도와줄 수 있을 정도가 되었다.

이제는 부모 세대의 삶으로부터 소중한 교훈을 얻었기 때문에 근면하고 성실한 삶은 계승하면서 '나' 중심의 삶으로 보람을 느끼며 살아야 한다. '나'를 위한 삶보다 타인을 주목하며 살아왔기 때문에 진정한 나를 돌보지 못하고 노년을 맞이했다는 것을 일찍이 깨닫고 참다운 '나'를 찾아야 한다. 현재 노년기에 접어든 사람은 언제나 경제적 부담과 모순된 사회적 구조로 인해 '나'는 후 순위로 밀리고 타인의 감정에 휩쓸려 자신을 스스로 감추고 살았던 것으로 표현해야 어울릴 듯하다.

바꾸어 말하면, 태어날 때부터 지녔던 부모로부터 물려받은 삶의 DNA와 개성이 무시되고 사회 환경에 순응하면서 단련된 감성과 감정들만 남아, 자신의 본성을 잠재우고 있었다. 따라서 제2의 인생으로 불리는 노년에는 타인의 눈치를 살피지 않고 오로지 '나'만을 위한 삶을 유감없이 발휘하면서 유쾌하고 행복한 시간을 보내도록 노력해야 한다.

---

* 아돌프 히틀러와 나치당의 독재를 위해 앞장서서 잔인한 고문과 탄압을 한 것으로 악명 높은 조직이며, 홀로코스트에서도 직접적으로 가담한 전쟁범죄 집단이다.

'나'는 '나'일 뿐이다

'나'를 위한 삶이 나만의 만족을 위해서라면 아낌없이 투자하고 소비하는 포미족(For Me)을 의미하는 것은 절대로 아니다. 여기서 포미족은 아낌없이 투자하고 소비하는 1인 가구를 일컫는데 포미는 건강(For Health), 싱글족(One), 여가(Recreation), 편의(More Convenient), 고가(Expensive)의 알파벳 머리글자를 인용하여 탄생한 신조어지만 '포미'(For Me)라는 의미로도 사용된다. 여기에서 언급한 '나 중심의 삶'이란 한마디로 자신만의 만족과 행복을 최우선으로 생각하고 자신을 위해 과감하게 투자하는 부류의 삶으로, 소비 가치를 중시하며 주로 고가 제품이나 명품에 관해 관심이 큰 '포미족'과는 거리가 멀다. 단지 나의 개성을 살려 남들을 방해하지 않는 범위 내에서 남을 크게 의식하지 않고 나만을 위한 삶으로 여생을 즐기라는 의미다.

필자의 중학교 동창인 친구는 노년임에도 불구하고 아직 규모는 크지 않지만, 경제활동을 지속하면서 주말이면 어김없이 모터사이클(Motorcycle)이나 레저(Leisure)차량을 이용하여 전국을 돌아다니며 '나'를 위한 삶을 이어가고 있어 부러움의 대상이 되고 있다. 그렇다고 사회구성원으로서 역할을 게을리하면서 오로지 자신만을 위한 삶을 강조하는 것은 아니다. 사회적 의무를 철저히 이행하면서 '나' 중심으로 아름다운 삶을 장식하라는 것이다.

어떤 경우일지라도 '나'는 나여야 한다. 즉, 자신을 찾는 노력으로 자신만이 어울리는 색채와 스타일의 삶으로 행복을 누려야 한다. 만약, 자기 자신을 찾는 행위를 거부한다면 정신이상, 신경과민, 강박관념과 같은 현대병을 일으키는 원인이 될 것이다. 그렇다고 사회적 관계를 부정하면서 나만을 위한 삶을 찾으라는 의미가 아니다.

다만, 나이가 들어감에 따라 한 번뿐인 인생의 후반부를 '나'만을 위해 보다 풍요롭고 아름답게 장식하여 행복한 삶을 추구하자는 의미다. 과거 청년기에는 소기의 목표를 달성하기 위해 성공한 사람들의 사례를 벤치마킹(Bench Marketing)하여 자신의 틀에 맞추는 경향이 있었다는 것을 부정하고 싶지는 않다.

당시에는 혹독한 사회적 경쟁으로 인해 조금이라도 앞서 나아가지 않으면 도태될 수 있다는 강박관념이 마음속 깊이 자리잡고 있었기 때문에 오히려 개인의 성공에 많은 도움이 되었다고 확신한다. 다만, 인생의 후반기만큼은 순수한 '나'를 중심으로 삶의 초점을 맞추어 이 세상에 하나밖에 없는 나만의 작품을 만들어보라는 조언일 뿐이다.

산업현장에서 선진국 제품의 모방을 통해 성공한 국가가 바로 대한민국이다. 원자재가 턱없이 부족하고 원천기술이 전혀 없는 상태에서 자체적으로 생산된 상품의 수출만이 국가를 부흥할 수 있는 유일한 수단이었다. 선진국 상품을 분해하여 원리를 파악하고 모방하는 수준의 상품을 수출하면서 선진국 대열에 진입하였다.

그 과정에서 잘살아 보고자 전 국민은 오로지 근면·성실을 바탕으로 간단없이 노력한 결과 최첨단 기술의 보유는 물론이고 극동 아시아의 조그만 규모의 국가가 세계의 경제 대국으로 우뚝 설 수 있었다. 그러나 이제부터는 선진국 문턱에서 과거의 모방 생산에서 과감하게 벗어나 대한민국만이 가능한 상품을 보유할 수 있는 능력을 확보해야 하듯이 인생의 후반기에는 '나'만의 특별한 삶을 즐기면서 행복한 삶을 추구해야 한다.

내 인생은 남이 책임지지 않는다

이 세상에 태어나서 부모의 돌봄 가운데 성장하면서 삶의 지혜를 습득하고 자연스럽게 부모 곁을 떠나 치열한 경쟁사회를 거치는 가운데 자신만의 생을 만들어가는 인생의 주인은 바로 '나'인 것이다. 가끔 어린 시절 생활 습관의 관성으로 자기 의사 결정권을 떳떳하게 발휘하지 못하고 모든 것을 부모나 남의 의견만을 좇는 젊은이들도 있다. 남을 배려하는 마음도 필요하지만 지나치게 남을 의식하여 정작 자신의 의견은 무시되어 궁극적으로 남에게 의존하는 듯한 삶은 지양해야 한다.

즉, 자신만의 개성을 살려 존재감을 드러내며 분명한 색깔의 표현과 함께하는 삶을 찾음으로써 나름대로 행복을 추구해야만 한다. 또한 자신만의 독특한 삶을 추구하며 맛깔스러운 인생은 오로지 자신이 소유하고 있는 무형의 자산이기 때문에 모든 것을 스스로 책임져야 한다는 것도 잊지 말아야 한다. 바꿔 말하면, 내 인생은 내가 만들어 가고 내가 책임진다는 확고부동한 믿음이 전제되어야 한다는 의미다.

옛말에 "인생 나이가 40대에 접어들면 부모님으로부터 물려받은 외모마저도 스스로 책임져야 한다."라는 의미는 바로 내 인생은 내가 책임질 줄 알아야 한다는 것이다. 노년임에도 불구하고 부모님을 탓하고 경제적, 정치적 환경을 원망하며 하나밖에 주어지지 않은 인생을 무의미하게 보내는 졸장부는 되지 말아야 한다.

도박과 게임에 중독된 사람들은 가끔 터지는 잭팟(Jackpot)의 희열

감 때문에 도무지 끊을 수 없어서 전재산을 탕진하고 패가망신하는 예도 있지 않은가? 이와 같이 도박은 최근 질병으로 분류되어 의학의 도움으로 재기하기도 하지만 자신의 인생이기 때문에 책임도 뒤따라야 한다.

또한 기업 운영이 잘못되어 부도 처리되었을지라도 피나는 노력으로 재기에 성공하는 사람들도 자신의 인생을 책임지는 본보기일 것이다. 모든 문제는 나로부터 기인한다는 변하지 않는 진리를 상기시키면서 자신의 인생을 스스로 책임지는 멋진 삶의 소유자가 되길 바란다.

거절의 용기는 나를 성장시킨다

나이가 들어가면서 개인적인 성격도 재점검해 볼 필요가 있다. 젊었을 때는 혹시라도 가까운 미래에 주어질 기회가 사라질까 두려워 상대의 요구나 부탁을 거절하지 못하고 자기 일을 포기하고 들어주기도 한다. 즉, 자신에게 주어질지도 모르는 상황이나 상대의 체면을 고려하여 무조건 승낙하는 경우가 반복되면서 습관화되기도 한다. 그러나 자존감을 스스로 지키기 위해서 자신이 담당하지 못하는 상대의 부탁을 지혜롭게 거절할 수 있어야 한다.

인도 성인 마하트마 간디(Mahatma Gandhi)가 "확신에 찬 거절은 상대방을 기쁘게 하려고, 또는 문제를 회피하기 위해 어쩔 수 없이 하는 승낙보다 훨씬 낫다."라고 하였듯이 상대의 요구에 거절하지 못하고 무조건적 승낙은 자신을 사랑하지 않은 것과 같다. 특히 노후에는 모든 언행이 나를 사랑하는 데 초점이 맞추어져야 한다.

미국의 심리학자 윌리엄 제임스(William James)는 "낮은 자존감은 지나치게 타인에게 인정받기를 원하고 끊임없이 애정을 갈망하며, 개인적 성취에 대한 극단적인 열망을 표현하는 모습으로 나타나는 경향이 있다."라고 정의했다. 자존감은 스스로 품위를 지키고, 자기를 존중하는 마음을 의미한다.

직장에서는 상사나 동료의 부탁을 들어줄 수 없는 상황임에도 불구하고, 기회 상실의 두려움(Fear of Missing Out)으로 잘못하면 좋은 기회를 놓칠 수 있다는 불안감 때문에 마지못해 승낙하는 때도 있다. 이와 같은 현상은 착한 아이 증후군(Good Boy Syndrome)이라 한다.

즉, 착한 아이 증후군은 동료나 상사의 부탁이 감당하기 힘들지라도, 인정받고 싶은 마음으로 인해 거절하지 못하는 본능적인 반응이다. 그러나 이와 같은 습관적으로 거절하지 못하는 성격은 평생 자신을 괴롭힐 수도 있기 때문에 생각을 바꾸어야 한다.

미국의 자기계발 멘토(Mentor) 데이먼 자하리아데스(Damon Zahariades)는 "누구나 결점은 그리 많지 않다. 결점이 여러 가지인 것처럼 보이지만 근원은 하나다. 한 가지 나쁜 버릇을 고치면 다른 버릇도 고쳐진다. 한 가지 나쁜 버릇은 열 가지 나쁜 버릇을 만들어낸다는 사실을 잊지 말라."라고 주장하였다. 이처럼 거절하지 못하는 습관을 타파한다면 인간관계를 명확하게 설정하는 데 도움이 될 수 있다.

또한 상대의 부탁에 분명하게 거절하지 못하고 불분명한 의사표시는 반복적인 부탁의 빌미를 제공하는 결과를 초래할 수 있다. 따라서 언제나 자신이 처해 있는 상황에 반하는 부탁은 처음부터 거절할 수 있는 용기가 필요하다. 아무도 여러분의 생각만큼 여러분의 소중한 시간을 존중하지 않는다. 상대의 기분을 맞추기 위해 한 가지 일을 승낙하고 자신의 시간을 할애한다면, 자신의 다른 일은 포기해야 한다는 사실을 기억해야 한다. 자신에게 주어진 시간과 에너지, 돈과 노동력은 오로지 자신이 책임져야 한다.

사랑의 시야를 넓히자

같은 사건임에도 과거에는 틀리고 현재는 옳다거나 반대의 경우가 존재하듯이 이 세상의 모든 사물이나 현상은 언제라도 변화를 거듭한다. 또한 전혀 바뀌지 않을 것 같았던 전통이나 삶의 방식도 세월의 흐름에 따라 바뀌고 있는 것이 사회적 현상이다.

옛날 할머니, 할아버지 세대에는 결혼도 자의와 관계없이 부모가 정해준 사람과 혼례를 치르고 가정을 이루기도 하였으며, 한번 결혼은 평생을 함께해야 한다는 신념으로 살았다. 그러나 요즘은 부모의 의지와 전혀 상관없이 연애 과정을 거쳐 혼인이 이루어지고, 다양한 이유로 부부간 이별도 밥 먹듯이 행해지고 있는 세상으로 변했다.

마치 삶과 죽음이 있듯이 만남이 있으면 이별이 존재한다는 현상처럼 시작과 끝의 원리가 혼인 관계에도 적용되는 것 같기도 하다. 아마도 피부로 느끼는 이혼율이 50% 정도가 될 정도이다. 이와 같은 현상은 사랑이 부족해서가 아니라 진정한 사랑의 감정없이 얄팍한 연애 감정으로 혼인 관계가 이루어지기 때문일 것이다. 그렇다고 이혼을 부정적인 시각으로 보는 것이 아니라 하나의 사회적 현상을 글로 표현했을 뿐이다.

요즘에는 황혼에도 새로운 바람이 불기 시작했다. 일본의 경우 황혼 이혼의 건수가 급격하게 증가하고 있으며, 우리나라에도 예외 없이 황혼 이혼이 점점 늘어나고 있다. 심지어 노년의 부부가 혼인은 유지하되 떨어져 살아가는 '졸혼(卒婚)'**이라는 신조어가 태어나기도 하였다.

마치 행복 추구권을 행사하기라도 하듯이 다양한 삶의 방식이 등장하고 있다. 이처럼 황혼에도 별거, 이혼, 재혼, 졸혼 등의 단어가 어렵지 않게 사용되는 가운데 새로운 부부관계의 현상이 나타나기 시작하였다. 이러한 사회적 현상이 나쁘다거나 비난하고 싶은 생각은 추호도 없다. 다만, 사회적 현상의 유행을 맹목적으로 추종해서는 안된다는 것을 일러두고 싶을 뿐이다.

혼인 관련한 또 하나의 유행을 소개하면, 가까운 일본에서는 독거노인을 상대로 '시니어 맞선'이 사설 전문기업에 의해 다양한 방법으로 성황리에 진행되어 사회적 관심을 끌고 있다. 인간의 기대수명이 점점 늘어남에 따라 연인관계의 조건이나 방식 등과 같은 구조도 변화하고 있다.

노후의 연인관계는 육체적 결합보다 정신적 결합으로 대화의 상대 혹은 정신적 위로의 대상으로 이루어지는 경우가 대부분이기 때문에 노년에 연인을 만난다는 것이 마냥 생소한 이야기는 아닐 것이다. 노년기에 홀로 지내면 우울증이나 외로움 증에 시달릴 수 있다는 것을 고려하여 자식이 홀로 지내는 부모의 혼인을 주선하는 예도 있다. 이처럼 인간은 나이와 관계없이 언제나 사랑을 갈구하는 동물이다.

** 일본 작가 스기야마 유미코가 2004년 쓴 책 졸혼을 권함(卒婚のススメ)에서 처음 등장한 신조어로 혼인관계는 유지하되 각자의 인생에 관여하지 않고 즐기는 삶을 의미한다.

이와 같은 이유로 인해 최근에는 시니어들을 위한 각종 동호인 모임이나 취미활동 등이 과거와 달리 활발하게 이루어지면서 그들만의 행복을 추구하기도 한다.

나를 중심으로 한 사랑의 활동으로 자신이 갈구하는 욕구를 유감없이 충족시킨다면 이보다 더 아름다운 삶은 없을 것이다. 그런데 시니어 모임에 참여할 때는 남녀 모두 때와 장소를 구분하면서 지켜야 할 매너와 에티켓(Manner & Etiquette)를 철저히 준수해야 한다.

노후에는 부부간 배려하는 자세의 대변혁이 필요하다. 남을 의식하는 행위나 자존심 따위를 과감하게 없애는 획기적 용기가 없다면 행복이라는 단어를 소환하기란 지극히 어렵다. 젊었을 때처럼 활기 넘치는 상태의 부부간 사랑과 노후의 사랑은 분명히 차이가 존재할 것이다.

노후에는 현실적으로 남성의 사회적 행동반경이 점점 좁아짐에 따라 부부간 삶의 형태에도 불균형이 발생할 수 있다. 그러나 아무리 노후 삶의 불균형이 발생할지라도 상대의 처지를 존중하면서 서로가 사랑의 힘을 키워나가는 노력이 필요하다.

더욱이 남녀의 기대수명이나 건강 상태로 인해 부부의 생활방식이 다양할 수 있겠으나, 무엇보다 배우자를 사랑하는 애틋한 마음을 유지하는 데 소홀히 해서는 안된다.

chapter 13

남아 있는 것에 희망을 갖자

남아 있는 것에 희망을 갖자

KBS의 '아침마당' 프로그램에 출연한 왼손 피아니스트의 연주와 함께 삶의 과정을 시청하면서 눈시울을 적신 적이 있다. 젊은 나이에 피아니스트의 꿈을 안고 독일과 미국서 유학하였는데, 미국 유학 중 뇌졸중으로 쓰러져 좌뇌의 65%를 잃고 오른손과 오른발의 장애를 입었다. 그러나 우뇌에 의한 감정 표현과 함께 오로지 왼손과 왼발로 피아노를 연주하기 위해 피나는 노력 끝에 세계적으로 유명한 왼손 피아니스트가 되었다.

그가 장애를 극복하고 무대에 서게 되었다는 이야기를 시청하면서 신체적으로 장애가 없는 정상인으로서 부끄러운 감정을 숨기지 못했다. 뇌졸중으로 인한 손과 발의 치명적인 장애를 극복하고 정상인보다 특별한 기능을 보유하고 있다는 것 자체가 우리에게 특별한 감동을 주었다. 왼손 피아니스트가 왼손만으로 멜로디와 화음을 연주하는 모습을 지켜보면서 '나' 자신을 되돌아보고, 도전 의식을 일깨워주는 계기가 되기도 하였다.

우리는 언제나 긍정적이고 미래지향적 사고와 함께 현재를 즐길 줄 아는 여유로운 삶의 주인공이 되어야 한다. 만약 왼손 피아니스트가 현재의 장애를 극복하지 못하고 절망적인 삶을 살았다면 오늘의 유명한 왼손 피아니스트로 거듭날 수 있었을까? 그는 잃어버린 좌뇌에 절망하지 않고 단지 35%밖에 남아 있지 않은 좌뇌와 우뇌에 감사하며 왼손과 왼쪽 발만을 이용하여 피아노를 연주할 수 있는 특별한 연주법을 개발하였다.

정상인도 힘들어 감히 도전하지 못하는 분야를 남아 있는 신체적 기능을 활용하여 새로운 기법을 개발하고 각고의 노력 끝에 유명한 피아니스트로 거듭날 수 있었던 것은 바로 어떠한 어려움이 있을지라도 포기하지 않고 도전하면 해낼 수 있다는 희망을 간직하고 있었기 때문일 것이다. 그는 여기에 만족하지 않고 끊임없는 재활훈련을 통해 양손을 이용하여 피아노를 연주할 수 있는 희망으로 현재를 즐기며 아름다운 삶을 이어가고 있다.

인간은 나이가 들어감에 따라 도전하고자 하는 마음과 희망의 폭이 줄어든다는 것은 일반적으로 알려진 사실이지만, 개인의 노력에 따라 정도의 차이만 있을 뿐이지 절대적인 것은 아닐 것이다. 개인적 사정으로 초등학교도 다니지 못한 90세 어르신이 초등학교 검정고시와 중·고교를 졸업하고 대학에 입학했다는 뉴스는 이와 같은 일반적인 인식과 달리 꿈과 희망을 바탕으로 도전한다면 무엇이든 이룰 수 있다는 것을 방증하기도 한다.

새로운 도전은 무엇보다 스스로 자존감을 바로 세우고 무엇이든 할 수 있다는 강력한 의지가 필요하다. 서경(書經)에 "불려호획 불위호성(弗慮胡獲 弗爲胡成)-깊이 생각하지 않으면 얻지 못하고 행위로 옮기지 않으면 이루지 못한다."의 중국판 '하면 된다'라는 고사성어는 우리에게 많은 가르침을 주고 있다. 삶의 도움이 될 수 있는 소중한 가르침을 흘려버리거나 실행에 옮기지 않으면 아무 소용이 없다는 의미일 것이다.

넓게 보면 찰나에 불과한 짧은 인생은 누구에게나 공평하게 주어졌으나, 삶에 대한 행복의 감정은 전적으로 자신에게 달려 있다. 주어진 삶의 현장 상황은 다양하므로 마음먹은 대로 이루어지지 않을 때도 있다.

다만, 어떠한 상황에서도 절대로 희망의 끈을 놓지 않고 긍정적 사고를 바탕으로 생각의 전환을 꾀한다면 보다 아름다운 삶으로 여생을 즐길 수 있다.

그러나 언제나 생각만큼 욕구가 충족되지 않아 불평하고 한탄하면서 살아간다면 우울한 감정과 함께 불행을 자초할 것이다. "행복과 불행은 특별한 문이 있어서 그 문으로 들어오는 것이 아니다. 그것은 모두 당사자가 스스로 불러들이는 것이다."라는 고사성어 '화복무문 유인소초(禍福無門 唯人所招)'의 의미처럼 행복해지기를 원한다면 스스로 부단한 노력을 해야 한다. 따라서 우리의 행과 불행은 자신의 생각에 의한 감정과 행위에 달려 있다는 것을 명심해야 한다.

필자는 은퇴 후 개인적으로 하고 싶은 프로젝트를 진행하기 위해 직장에서 정년 3년을 앞두고 명예퇴직 후 사회에 나와 그동안 직장에서 매여 있는 동안 누적된 정신적 피로를 위해 잠시 휴식하면서 거의 매달 해외여행을 했다. 그런데 친구의 소개로 태양광 사업에 투자하면 매월 정기적으로 이익금을 받을 수 있다는 제안을 받아들여 조금도 의심하지 않고 친구가 소개해준 사업자에게 거금을 투자했는데, 계약을 어기고 사업이 진척되지 않아 손실을 보고 말았다.

설상가상으로 퇴직 후 거래해왔던 은행 임원으로부터 주가연계증권(ELS : Equity Linked Secuities)에 투자하면 비록 원금이 보장되지 않는 투자형식이지만, 지금까지 손해를 본 고객이 거의 없으므로 적지 않은 수익을 보장할 수 있다는 제안을 하였다. 그의 제안을 조금도 망설이지 않고 받아들여 거금을 투자했지만, 3년이 지나도 수익은커녕 60%의 원금이 손실되는 결과가 나타났다.

처음에는 지금까지 모은 현금자산을 한순간에 날렸다는 자괴감으로 밤잠을 이루지 못하고 심한 우울증 증세까지 경험하였다. 그러나 어찌

하겠는가? 과거에 발생한 일을 곱씹으며 억울해하면서 현재의 아까운 시간을 보낸다면 미래는 더욱더 암울하다는 깨우침으로 모든 것을 잊기로 하고, 많고 적음에 관계없이 남은 것에 희망을 품고 살아가기로 결심하고 열심히 대학에서 강의하고 틈틈이 글을 쓰며 시간을 보내고 있다.

돌이켜보면 은퇴 후 사업이나 금융투자 등의 높은 확률의 실패 원인은 그동안 틀에 박힌 직장생활로 인해 사회생활에 너무 무지하고 경험이 부족했던 탓일 것이다. 뉴욕의 세계적인 증권 전문가들이 엄청난 부를 축적할 수 있었던 것은 바로 손실 · 정지 · 주문(Loss · Stop · Order) 원칙의 적용이었다고 한다.

바꾸어 말하면, 5% 이하로 주가가 하락하면 조건 없이 손절하여 최악의 경우 5% 이하의 손실로 귀결되기 때문에 과감하게 정지하라는 의미다. 그렇지 않고 요행을 바라며 시간을 보낸다면 때에 따라서 엄청난 손실로 이어질 수도 있기 때문이다.

이와 같은 폭넓은 지식과 경험 없이 남의 제안에만 의존한다면 투자로 인한 수익은 고사하고 원금까지 날릴 수 있다는 소중한 경험을 통해 자신을 돌아볼 수 있는 계기가 되었다. 따라서 모든 의사결정은 철저한 분석과 폭넓은 정보를 확보한 다음 추진해야 한다는 사실을 깨닫게 되어 삶의 원칙으로 삼고 있다.

오늘의 행복에 전념하자

만약 백해무익한 걱정 대신 평화와 행복을 가져오게 하는 정신적 태도를 원한다면, 쾌활한 상태에서 생각하고 그렇게 행동하려고 노력해보자. 그러면 반드시 인생이 유쾌하다는 것을 몸소 느낄 것이다. 현재의 주어진 여건과 환경에 나를 맞추며 즐거워 할 수 있는 마음과 감성은 정신적 건강에 절대적인 영향을 미친다는 것을 기억해야 한다.

시빌 F. 패트릭(Cybil F. Patric)은 '오늘만은 이렇게 하자'라는 시에서 다음과 같이 제안하였는데 우리 모두 마음속에 새겨야 하는 내용이라 생각되어 소개하고자 한다.

▌오늘만은 행복하고 싶다

링컨(Lincoln)은 "대부분 사람은 자기가 행복해지려고 결심한 정도만큼 행복하다."라고 했는데, 이 말은 진리이며, 행복은 내부에서 온다. 그것은 외부의 사정이 아니다.

▌오늘만은 자기 자신을 사물에 부응시키도록 하자

사물을 자기가 바라는 대로 다루려고 하지 말자. 가족, 사업, 운을 있는 그대로 받아들여 자신을 그것에 부응시키자.

▌오늘만은 몸조심하자

운동을 하고, 몸을 아끼고, 영양을 섭취하자. 내 몸을 혹사하거나 무시하지 말자. 그렇게 하면 내 명령에 따라 완전한 기계가 될 것이다.

▌오늘만은 자신의 마음을 굳게 가지자

무엇인가 유익한 일을 배우자. 정신적인 게으름뱅이가 되어서는 안 된다. 노력과 사고와 집중해야 하는 책을 읽자.

▌오늘만은 세 가지 방법으로 내 영혼을 운동시키자

남모르게 무언가 좋은 일을 해보자. 윌리엄 제이스(William James)가 말한 바와 같이, 수양을 위해 적어도 두 가지는 자기가 하고 싶지 않은 일을 하자.

▌오늘만은 유쾌하게 지내자

될 수 있는 대로 씩씩한 모습을 하고, 어울리는 복장을 하고, 조용하게 이야기하고, 예절 바르게 행동하고, 마음껏 사람들을 칭찬하자. 그리고 남을 비난하지 말고 꾀를 부리지 말고, 남을 탓하거나 꾸짖지 않도록 하자.

▌오늘만은 오늘 하루로서 살아 보기로 하자

인생의 모든 문제를 앞에 놓고 한꺼번에 덤비지는 말자. 일생동안 도저히 감당할 수 없는 문제라도, 12시간 이내에 해치워 버리자.

▌오늘만은 하루의 프로그램을 갖자

매시간 할 일을 기록해 두기로 하자. 그대로는 할 수 없을지 모르나 어쨌든 해보자. 성급함과 어리석음을 제거할 수가 있을지 모르니까.

▌오늘만은 30분 동안이라도 혼자서 조용히 휴식할 시간을 갖자

그동안에 때로는 하나님에 대해 생각하자. 자기 인생에 대한 올바른 인식을 얻을 것 같으니까.

▌오늘만은 두려워하지 않도록 하자
특히 행복하게 되는 일, 아름다운 것을 즐기는 일, 사랑하는 일, 내가 사랑하고 있는 사람들이 또 나를 사랑하고 있다고 믿고 두려워하지 않기로 하자.

독일의 철학자 쇼펜하우어(Arthur Schopenhauer)는 "우리는 이미 가지고 있는 것에 대해서는 생각하지 않고 언제나 없는 것만 생각한다."라고 했던 바와 같이 인간은 소유한 것에 대해서는 생각하지 않고 오로지 소유하지 못한 것만 생각하는 성향으로 인해 비극을 초래하기도 한다. 바꿔 말하면, 현재에 만족하지 않고 언제나 더 채우고자 하는 과도한 욕심으로 짧은 삶의 시간을 허비하는 사람들이 많다는 의미다.

남아있는 것에 희망을 품고 살아가면서 현재의 삶을 유감없이 즐기는 과정에서 자연스럽게 채워진다는 지혜가 필요하다. 앞에서 서술된 링컨의 주장처럼 "사람 대부분은 자기가 행복해지려고 결심한 정도만큼 행복하다."라고 했듯이 행복은 절대로 외부의 사정으로 좌우되지 않고 모름지기 내부에서 나온다. '내일 ~~을 해야지'가 지켜질지 어떨지는 내일의 일이다.

또한 '어제 ~~를 해야 했는데'라는 때늦은 후회도 오늘에 도움이 되는 경우는 많지 않다. 오로지 오늘만을 위한 행복을 추구하는 아름다운 삶의 주체가 되어야 한다.

청년 어른으로 살자

인생 후반기 노년기의 삶일지라도 늘 청년처럼 살아가기 위해 스스로 노력해야 한다. 흔히들 청년처럼 사는 어르신을 '청어'라고 말한다. 즉, 나이가 들어 비록 노년기를 보내고 있지만 마음만은 언제나 늘 푸른 상태의 청년기 삶을 이어가고 있는 상태를 일컫는다.

의학의 발달과 삶의 질 향상으로 인해 100세 시대를 맞이하면서 노년기에 반드시 요구되는 것은 살아 있음에 감사함이 아니라, 나이와 관계없이 주변의 지원이나 도움보다 꾸준히 사회에 이바지할 수 있음에 감사하는 정서적 안정감이다.

요즘 주변에서 100세 전후임에도 불구하고 왕성하게 사회활동을 하면서 독립적인 삶을 영위하고 있는 아름다운 모습들을 볼 수 있지 않은가? 그들의 특징은 우선 신체적으로 건강하며, 나이에 어울리지 않을 정도로 밝은 미소와 함께 청년들 수준의 감성을 지니고 있다.

최근 매스컴에 통해 알려진 철학자 연세대학교의 김형석 명예교수는 올해(2025년 기준) 나이가 100세임도 불구하고 집필활동과 각종 단체나 기업을 대상으로 특강을 하면서 바쁜 나날을 보내고 있어서 노년기에 접어든 세대의 사람들에게 본보기가 되고 있다. 언젠가 그는 90대 접어들면서 진정한 연애의 감정을 느꼈다는 속마음을 털어놓은 적이 있을 정도로 청년기의 감성과 함께 활발하게 사회활동을 하고 있다.

그의 얼굴에는 항상 해맑은 미소가 머금고 있다는 것을 그의 강의나 대담을 시청한 경험이 있는 사람들은 누구나 느꼈을 것이다. 100세를 넘기고도 사랑에 대한 감성을 토로한다는 것은 천진난만한 청년 감성의 표출일 것이다. 아마도 이처럼 노년임에도 불구하고 긍정적이고 미래지향적인 사고와 변함없는 청년 시절의 끼를 숨김없이 발산하는 것이야말로 청어가 아닐까 생각한다.

또한 93세(2025년 기준) 나이임에도 불구하고 후학을 위해 헌신하고 있는 이길여 가천대학의 총장도 대학에서 늘 학생들의 어깨높이에 맞추어 소녀 같은 마음으로 젊은이 못지않게 생활하면서 대학발전을 위해 노력하고 있다. 사실 90세가 넘으면 각종 지병을 앓고 독립적인 활동이 곤란한 경우가 대부분이다.

그러나 이길여 총장의 경우는 대학 축제 때 학생들과 함께 댄스를 즐길 정도로 건강을 유지하고 있고, 늘 미래에 관한 내용과 인공지능(AI) 시대의 새로운 교육 방향에 대한 주제로 대화하고 질문하며 청년과 같은 삶을 이어가는 모습이 존경의 대상이 되고 있다. 여러분도 청어의 삶을 살아갈 기회를 스스로 마련하고 실천하는 아름다운 노년으로 거듭나길 발랄뿐이다.

chapter 14

노인은 친구가 자산이다

노년기에는 친구가 자산이다

은퇴 후 나는 40년 이상 만나지 못했던 대학 동창생인 친구가 자신이 경영하는 회사에 여러 명의 친구를 초청하여 방문한 적이 있다. 방문일 전날 밤에는 오랜만에 만나는 친구들을 생각하며 설레는 마음이 앞섰던 탓으로 숙면하지 못하고 당일 아침 일찍 집을 나섰다. 초청된 장소에 도착하여 흥분된 얼굴을 감추지 못하고 친구들과 포옹하면서 서로의 기쁜 감정을 교환하였다.

기업을 경영하는 친구 회사의 앞마당에 정성스럽게 차려놓은 음식을 먹으면서 대학 시절의 추억담을 나누며 소중한 시간을 보냈다. 회사를 운영하는 친구의 가족들이 오랜만에 만나는 친구들을 위해 특별한 음식과 약간의 술도 준비하였는데, 참석한 친구 모두가 감사의 마음을 전하면서 음식을 맛있게 먹을 수 있었다. 친구들의 얼굴에는 수십 년의 세월이 묻어 있어 쉽게 알아볼 수 없었으나, 음성과 음색이 뇌에 저장된 듯 과거의 친구를 어렵지 않게 알아볼 수 있어서 퍽 다행스러웠다.

친구들을 만나는 동안 과거의 일들이 소환되어 만감이 교차하기도 하였으나, 조건 없이 즐거웠으며, 마냥 행복한 기간을 보낼 수 있었다. 이 세상에서 가장 슬픈 감정은 외로운 감정이며, 그중 노년의 외로움은 최고 수준의 슬픔이라는 것을 무색하게 할 정도로 만남 자체가 축복이었다.

친구들은 앞 다투어 서로가 학창 시절의 에피소드를 이야기하고 함박웃음을 지으며 오후 내내 즐겁고 행복한 시간을 보냈음에도, 헤어질 때는 모두가 마냥 아쉽다는 표정을 어렵지 않게 알아차릴 수 있었다. 음주를 곁들인 식사를 하면서 학창 시절의 추억담과 그동안 살아온 과정을 서로 교환하면서 느낀 점은 친구들 하나같이 열정적으로 노력한 결과 나름대로 값진 삶을 통해 베풀며 살아가고 있는 모습이 너무나 아름다워 보였다. 직장 은퇴 나이가 지났음에도 불구하고 당당하게 기업을 경영하거나, 사회에 봉사하면서 살아가는 친구들이 자랑스럽기도 하였다.

참석한 친구들 모두 향후 친구들과 정기적으로 만나 정을 나누며 취미활동도 함께하고 가족들과 만남을 통해 돈독한 관계로 살아가기로 의견을 모았다. 그 결과 매 분기마다 만남의 시간을 갖기로 하였는데, 언제나 만남의 약속 날이 여전히 설레며 기다려지기도 한다. 반면, 노년의 삶에 부합하지 않은 사회생활 편의주의 목적으로 모이는 만남은 점차 정리하면서 노년의 행복을 추구할 수 있는 친구들의 모임에 보다 적극적으로 참여하기로 하였다.

나이가 들어가면서 더욱더 외로워진다는 것은 이미 밝혀진 사실이지만, 마음을 함께 나누며 대화할 수 있는 친구가 많은 사람은 그 외로움을 반감시킬 수 있을 것이다. 실제로 슬픔과 기쁨을 공유하며 대화할 수 있는 친구는 언제나 얼굴에 미소가 가득하고 모든 사회적 현상에 긍정적 생각으로 임한다는 것을 친구들을 통해 확인할 수 있었다. 다양한 친구와 함께 소통하는 사람들은 갱년기나 우울증에 시달릴 확률이 낮다고 알려져 있다.

물론 60대에 접어들면 자신의 주변을 정리해야 하는 시기로 친구도 포함된다는 어느 스님의 주장도 참고할만하다. 여기서 정리해야 할 친구란 만남이 오히려 스트레스를 안겨주거나 이기주의적 인성으로 인해 피해가 되돌아오는 경우일 것이다. 진정한 친구란 나이가 같아서 맺어진 관계가 아니라 나이에 상관없이 상대가 짊어지고 있는 삶의 무게를 이해하고 때로는 마음의 위로를 전할 수 있는 관계일 것이다. 따라서 주변에는 정리 대상의 친구와 관계를 강화하면서 우정을 돈독히 할 수 있는 친구로 구분한 후 진정으로 마음의 위안을 안겨주는 친구 중심으로 지속적인 사회적 관계를 유지해야 한다.

요즘은 은퇴 후 그동안 만나보지 못했던 학창 시절의 동료나 친구들과 만남을 통해 과거의 추억을 소환하면서 해맑은 웃음으로 시간을 보내기도 하고, 가끔 골프 운동을 위해 연락이 오면 가능하면 참여하기 위해 최선을 다하고 있다. 골프 운동은 단체팀으로 진행되는 특이한 운동으로 단체로 구성된 팀이 잔디밭을 걷는 가벼운 운동과 함께 정신적 수련에 많은 도움이 되기도 한다.

또한 골프 운동은 유일하게 나이가 들어도 걸을 수 있는 체력이 유지된다면 가능한 운동이다. 가끔 골프 운동을 하는 동안 80대 노인들이 연령대가 비슷한 친구들과 함께 골프 운동을 즐기는 모습을 주변에서 어렵지 않게 볼 수 있지 않은가? 특히 골프 운동은 장시간 함께 잔디를 밟으며 상호 간 소통할 수 있는 운동이므로 무엇보다 정신적 건강에서 많은 도움이 된다.

마음을 줄 수 있는 친구가 있으면 행복하다

사기(史記)에 나오는 고사성어 문경지교(刎頸之交-목숨까지 버릴 수 있을 정도로 친한 사이)와 같은 사이는 아닐지라도 매일 살아 있음에 감사하며 서로가 안부를 묻고 소통할 수 있다면 얼마나 행복하겠는가? 그와 같은 친구에게는 경제력이나 명예 따위는 중요하지 않다. 마음을 나누며 소통할 수 있는 친구의 존재는 오로지 남아 있는 이생의 삶을 서로가 정신적으로 즐기며 생활하는 축복을 의미할 것이다. 젊었을 때는 가끔 지신의 이익을 위한 목적으로 가식적인 만남이 이루어졌을 수도 있지만, 노년에는 진정으로 마음을 주고받을 수 있는 친구가 필요하다.

한편, 그동안 특별히 개인적 목적에 부합하는 관계의 친구였다면 서서히 정리해야 마땅하다. 왜냐하면, 그와 같은 사이의 친구는 진정으로 마음을 주고받을 수 없고 오히려 정신적으로 스트레스를 유발할 수 있기 때문이다. 따라서 노년기에는 그동안 관계를 맺어온 친구 중 서로가 진정한 마음을 주고받을 수 있는 친구들을 중심으로 관계의 폭을 넓혀가면서 인생의 종착역까지 함께 할 수 있도록 해야 한다.

노년에 진정한 친구가 없어 매일 집안에서 갇혀 있는 것처럼 불행한 것도 없을 것이다. 또한 특별한 목적 없이 공원을 떠돌거나 길거리 벤치에 앉아 멍 때리고 있는 사람들도 우리 주변에 흔하게 볼 수 있다. 그러나 친구들과 함께 삼삼오오 모여 파크골프 운동을 하거나 봉사활동이나 취미활동을 하는 모습들은 마냥 행복하게 보이지 않는가? 노년에는 악기나 운동을 통한 취미활동, 봉사활동 등도 친구와 함께라면 성취감이 배가되어 행복지수도 최대로 높아질 것이다. 이와 같은 노년의 행복 원리를 깨달았기 때문에 필자도 거의 매일 친한 친구들과 전화로 안부를 묻고 돈독한 관계를 이어가며, 혹시라도 잠자고 있을지 모르는 긍정적 감성을 일깨우며 행복한 마음을 간직하려고 노력하고 있다.

이와 같은 행위는 나의 감성을 자극하고 신선한 감정이 이입되어 정확히 설명할 수 없는 느낌의 전이(轉移)를 경험하기도 한다. 특별히 서로가 원하는 것도 없는데도 불구하고 만나면 행복한 친구들이 존재한다는 것은 인간의 아름다운 본심이 아닐는지….

"친구의 기쁨이 나의 기쁨이요, 친구의 슬픔이 나의 슬픔"이라면 세상에서 가장 아름다운 관계일 것이며, 이와 같은 관계는 역으로, "나의 기쁨이 친구의 기쁨이요, 나의 슬픔이 친구의 슬픔"으로 이어질 수밖에 없을 것이다. "과연 이와 같은 친구 사이가 존재할까?"라고 반문하는 사람도 있겠으나, 나부터 마음을 열고 다가간다면 분명히 존재할 것이다.

끈끈한 관계의 우정은 바로 나로부터 출발한다는 사실을 명심해야 한다. 그러나 진정으로 기쁨과 슬픔을 함께 할 수 있는 친구 사이가 되기 위해서는 하루아침에 이루어진 것이 아닐진대 서로가 무엇인가 남다른 희생이 뒤따랐을 것이다. 즉, 평상시 상대에게 먼저 배려하는 습관과 낮은 자세로 다가가는 자세로부터 진정한 친구가 만들어질 것이다. 결론적으로 친구 간 소통에 있어서 모든 일은 나로부터 이루어진다는 것을 명심해야 한다.

노년기에 친구를 사귀는 것은 에너지가 요구된다

직장이나 학창 시절의 친구는 이미 마음을 교환했거나 품성이나 인성을 파악한 상태이기 때문에 상호 관계가 상대에 따라 맞춤형의 대화가 가능하여 자연스럽게 소통을 이어갈 수 있다. 그러나 은퇴 후 주변 사람들과 친구 관계를 유지하기 위해서는 살아온 과정의 개인적 습관이나 환경이 달라서 이해의 폭이 넓어야 하고 자신을 낮추어야 겨우 관계가 이루어지는 까닭에 적지 않은 정신적 에너지가 투입되어야 한다.

각종 동호회 활동이나 취미활동 등을 통해 얼마든지 정신적으로 의지할 만한 벗을 적극적으로 사귀어 여가를 즐길 수 있다. 그런데 노년에 사귄 친구들은 어린 시절의 친구와 달리 일정한 격식을 지키는 만남이어야 한다. 왜냐하면, 지금까지 삶의 환경과 조건이 확연히 다르기 때문이다. 그렇지 않으면 사소한 일에도 의견충돌이 잠재하고 있어서 우정에 금이 갈 수 있기 마련이다.

독일의 철학자 쇼펜하우어(Arthur Schopenhauer)는 인간관계를 '고슴도치의 딜레마(Hedgehog's Dilemma)'라는 현상으로 설명하였다. 인간의 독립성과 상대와의 일체감 사이에는 갈등과 딜레마가 존재한다는 것이다. 추위를 견디지 못해 서로 몸을 기대 온기를 나누려한 고슴도치가 너무 가까워지면 서로의 가시에 찔리고, 떨어져 있으면 추위를 막을 수 없는 딜레마에 빠지는 곤란한 상황에 이를 수도 있다는 것이다. 따라서 노년기에는 무조건 진정한 친구를 사귀기 위한 목적으로 지나치게 에너지 투입이 되지 않도록 해야 한다. 너무 가깝지도 않은, 그렇다고 너무 멀지도 않은 적당한 거리를 유지하는 관계가 바람직하다.

미국의 사업가이자 동기부여 관련 강연자인 짐 론(Jim Rohn)은 '5명의 법칙'에서 "당신과 가장 많은 시간을 보내는 5명의 평균이 바로 당신"이라고 하였다. 즉 연봉(생활 수준) · 지성 · 정신성 · 경험 · 목표 등이 비슷한 사람들이 모여 서로 영향을 끼친다는 것이다. 이 법칙은 공감할 수 있는 사람과는 장단이 맞고 좋은 자극을 주고받으므로 당신이 정신적으로 성장하면 자연스럽게 사귀는 사람도 달라진다는 의미를 함축하고 있다.

인생의 후반에 적극적인 도전은 힘들겠지만 살기 위한 목적으로 대부분 위험이 적은 도전을 통해 삶의 의미를 찾을 수밖에 없는데, 가족을 제외한 가장 친한 친구 5명과 거의 같은 수준의 도전일 것이므로 주변의 친구 수준도 무시하지 못할 것이다. 그만큼 인생의 후반에 삶의 방향을 정하고 행복 수준을 높이기 위해서는 친구와의 관계가 매우 중요하다는 의미일 것이다.

그러나 진정한 친구를 사귀며 서로가 좋은 감정을 유지하기 위해서는 상대의 배려만을 고집하지 않고 나부터 상대를 인정하고 신뢰하는 행위로부터 출발한다는 것을 잊지 말아야 한다. 중국 송나라 때, 주자(朱子)가 여동래(呂東萊)와 함께 엮은 근사록(近思錄)에 '接人則渾是一團和氣(접인즉혼시일단화기-사람을 접할 때는 따뜻한 분위기를 자아내라)'라는 고사가 있다. 그 고사의 의미는 바로 사람들에게 호감을 주는 사람은 무엇보다도 온화한 분위기를 풍겨야 한다는 것이다.

또한 중국 명나라 말기에 유교를 중심으로 불교, 도교를 가미하여 처세술을 가르친 홍자성(洪自誠)은 어록(語錄) 채근담(菜根譚)에서 "관대하고 마음이 따뜻한 사람은 만물을 소생케 하는 봄바람과 같다. 그런 사람 밑에서는 모든 것이 쑥쑥 성장한다. 각박하고 마음이 차가운 사람은 만물을 얼어붙게 하는 한겨울의 눈과 같다."라고 주장하였다. 이처럼 주위에 진정으로 마음을 열고 만날 수 있는 친구를 원한다면 나부터 따뜻한 마음으로 다가가는 자세가 요구된다.

물론 인생의 종착역이 가까워질수록 주변의 친구들이 정해놓은 순서 없이 곁을 떠나는 것이 자연의 이치지만, 살아 있는 동안에는 친구와 격의 없이 마음을 나눌 수 있어야 행복의 느낌을 배가시킬 수 있을 것이다. 따라서 주변에 노년을 함께 할 수 있는 친구가 없다면 자신을 돌아봐야 한다.

chapter 15

다문화를 인정하자

다문화를 인정하자

우리나라는 한민족의 단일민족으로서 유구한 역사를 간직한 민족이자 세계에서 가장 체계적이고 과학적인 한글을 사용하고 있다. 따라서 우리는 오로지 한민족의 문화만을 숭상하고 살아왔기 때문에 타문화를 받아들이는 데 인색할 뿐만 아니라 심지어는 배척하기도 하였다. 그러나 이제는 저출산 고령화의 영향으로 인해 연령대별 인구 구성의 변화뿐만 아니라 생산가능 인구의 감소 그리고 성별 인구의 불균형과 문화적 인식의 변화로 인해 과거의 단일민족이라는 개념이 점점 퇴색되고 있으며, 이러한 현상은 사회적 문제의 원인이 되기도 한다.

한류 열풍에 힘입어 유학생과 연수생 증가와 더불어 이주자가 급격하게 증가하여 2023년에는 87,100명이 이민하였다. 이는 OECD국 38개국 중 전년 대비 2위의 기록이다. 2024년 통계청 발표에 의하면 약 143만 명의 외국인이 우리나라에 거주하고 있는데, 여기에 관광이나 업무 출장 등의 단기 체류객, 계절근로자 등을 고려한다면 200만여 명의 외국인이 함께 살아가고 있는 다민족 국가로 변모하였다.

한 해에 100만 명 이상의 이민자를 받아들이고 있는 다문화 국가 미국이 수백 년의 다문화 역사를 자랑하며 대표적인 다문화 선진국으로 자리매김하고 있는 것처럼 우리나라도 다문화 정착을 위해 정부와 민간단체가 함께 노력해야 한다.

국가 면적에 비해 인구가 상대적으로 적은 나라는 이미 오래전부터 이민정책을 활성화해 다민족으로 이루어진 특이한 사회적 구조하에서 공존의 개념과 함께 살아가기 때문에 다문화에 대한 개념을 특별한 이슈로 인식하지 않는다. 실질적으로 미국이나 캐나다, 뉴질랜드, 호주 등과 같은 국가는 이민을 허용하여 수많은 민족이 더불어 살아가고 있다.

이들 국가는 타문화에 대한 이질감은 다소 존재할지라도 상호 간의 문화를 이해하고 적극적인 소통을 통해 상대 문화를 배려하는 사회적 인프라 체계가 갖추어져 있으므로 큰 어려움 없이 더불어 살아가고 있다. 물론 다양한 민족이 더불어 살아가면서 극복해야 할 문제도 발생할 수 있지만, 서로가 양보하면서 타민족의 문화를 존중하는 가운데 하나의 국가로 나아간다면 국제화 개념의 지구촌 현상을 긍정적으로 받아들일 수 있을 것이다.

물론 정부에서 다문화 가정이나 외국인 이민자들을 위해 특별한 정책을 입안하여 배려하고 있으나, 아직 그들이 만족할만한 수준에 이르지 못하고 있으므로 민간 차원에서 사회적 공감대를 형성하는 데 적극적으로 협조해야 한다.

우리나라는 최근 사회적 변화와 인구통계학적 변화 그리고 국제화의 영향으로 타국의 다문화를 받아들일 수밖에 없는 실정이다. 그러나 우리나라는 단일민족 국가라는 고정관념으로 인해 많은 어려움을 겪고 있는 것이 현실이다. 특히 결혼에 대한 인식변화와 연령대별 성비의 불균형 등으로 인해 국제결혼 가정이 점점 늘어나면서 다문화에 대한 인식변화가 요구되기도 한다.

다문화 가정이란 다양한 국적, 인종, 문화를 갖고 있는 가족이 함께 살아가는 가정을 일컫는데, 우리나라에서는 대부분 한국인과 외국인 배우자가 가정을 이루는 경우이다. 이와 같은 다문화 가정은 국제화가 진행되면서 점점 증가하고 있다. 최근 통계에 의하면 다문화 가구는 약 40만 가구(2024년 기준)로 전체 가구의 약 2.5%를 차지하고 있다. 이는 사회적 다양성과 문화적 풍요로움을 가져다준다는 현상으로 인식해야 함에도 사회적 거부감으로 인해 적응하는 데 많은 어려움이 있다.

그러나 우리나라도 다문화에 대한 인식변화와 긍정적 사고를 위한 사회적 캠페인이 절실히 요구되고 있다. 다문화에 대한 긍정적 인식변화는 바로 존중과 배려에서 출발한다. 그렇지 않으면 절대로 사회적 공감대를 형성하지 못하고 오로지 이질감으로 인한 갈등과 증오의 대상이 되고 말 것이다. 그러므로 다문화 사회가 필연적 현상이라는 사실을 있는 그대로 받아들이고 함께 공존한다는 마음으로 더 나은 미래를 위한 대책을 수립해 나가야 한다.

타문화를 배우자

기존 단일민족으로서 지켜온 문화를 고집하면서 타문화를 배척하는 행위는 이제 더 이상 세계화 시대에는 어울리지 않는다. 다양한 민족이 함께 어울려 살아갈 수밖에 없다는 자연적 현상을 거부한다면 시대의 흐름을 잘못 이해하고 있다는 증거일 것이다. 지구촌이라는 새로운 개념을 직시하고 타민족의 문화를 인정하고 순응하는 자세가 절대적으로 요구되는 시대가 도래 한 것이다. 요즘 건설 현장이나 농촌에서 그리고 도심에 이르기까지 눈과 피부색이 다른 사람들을 어렵지 않게 볼 수 있어 사회적 구성원의 구조가 점점 변화하고 있는 모습을 몸소 경험하게 된다.

이와 같은 현상은 시간이 흐를수록 점점 가속화되어 궁극적으로 모든 민족이 하나의 지구촌에서 문화적 국경이 사라진 상태로 자연스럽게 살아갈 수 있게 될 것이다. 이제는 더 이상 자국의 문화만을 고집하는 것은 올바른 행위가 아니다. 따라서 우리도 타문화를 존중하는 가운데 자국의 문화를 지켜나가는 공존의 사회를 스스로 만들어가야 한다.

세대와 나이에 관계없이 이웃에 정주하고 있는 이방인들의 문화를 인정하고 함께 즐기면서 살아가도록 해야 한다. "다문화 가정의 이방인들이 한국에 정주하는 동안에는 한국의 문화를 반드시 배우고 따라야 한다."라는 개념은 낡은 사고방식에 불과하다. 예를 들면 "우리나라에 정주하는 다문화 가정은 반드시 배추김치를 담그는 방법을 배워야 한다."든가, 아니면 "한국 고유의 식문화를 계승하고 따라야 한다."라고 강요하는 사고는 근본적으로 다문화를 인정하지 못하는 행위로 혼돈의 시스템 환경에서 공존해야 하는 고통스러운 삶이 될 것이다.

반대로 우리가 상대 민족의 식문화를 인정하고 존중하면서 서로가 배워가는 자세로 임해야 한다. 타문화를 배척하거나 경시하기보다 다름과 차이가 있을 뿐이라는 인식으로 함께 배려하며 살아가야 한다. 이와 같은 마음가짐이 바로 글로벌화 현상에 어울리는 본질적 행위이다.

특히 인생 후반부를 즐기는 사람들은 타민족과 어울리는 기회가 거의 없었기 때문에 문화적 이질감으로 인해 그들과 함께 살아가는데 적지 않은 어려움이 뒤따를 것으로 생각된다. 그러나 자기 행복을 추구하기 위해서는 오히려 타문화를 즐기기 위해 관심과 이해를 바탕으로 습득해 나가는 적극적인 자세가 필요하다. 물론 급격하게 증가하는 이민자를 대하는 데 있어서 충분한 대비를 하지 못한 까닭으로 다양한 문화를 받아들이는 데 어려움이 있을지라도, 하나의 사회적 현상으로 이해하며 그들과 함께 더불어 살아가는 지혜가 필요하다.

요즘 주변에서는 피부색이 다르고 언어가 다른 이방인들을 어렵지 않게 접할 수 있고, 심지어 농촌 지역에도 많은 외국인이 정주하고 우리나라 문화를 배우면서 살아가고 있는 것이 현실이다. 이와 같은 현상은 전 세계로 확산되고 있다. 이와 같은 다문화의 세계적인 현상을 외면하고 오로지 자기 문화만을 고집하는 행위는 오히려 스스로 불편함을 초래하는 결과를 낳을 뿐이다. 다문화를 이해하고 배려하는 정신은 자신이 새로워진다는 행위로 여기고 즐긴다면, 새로운 삶의 주인공이 될 것이다.

외국어 습득은 소통의 기쁨이다

1970~90년대에는 외국어 구사 능력이 뛰어난 사람이 좋은 직장을 얻을 수 있고 해외 취업의 우선권이 주어지기도 하였다. 세계적으로 가장 많이 사용되는 영어는 성공의 지름길이 될 정도로 붐이 일기도 하였다. 실제로 당시에 외국어 능력은 곧 좋은 직장을 가질 수 있는 잣대(Barometer) 역할을 톡톡히 할 정도로 외국어 능력이 대단히 중요하였다. 그만큼 영어를 공용어로 사용하는 국가가 많았기 때문에 수출과 수입이 주류를 이루는 산업사회에서는 영어가 절실하게 필요

했을 것이다. 따라서 영어는 중등교육기관의 필수과목으로써 가장 중요한 과목으로 여겨지기도 하였다.

그러나 한국어에 비해 구조와 발음체계 차이 등으로 인해 6년 이상을 공부했을지라도 영어권 국민과 자유로운 대화가 어려웠다. 심지어 많은 학생이 영어 공부를 포기하기도 하였다. 그런데 우리나라도 다문화 시대에 접어들었기 때문에 사용하는 언어도 다양해지기 마련이다.

이처럼 다문화 시대에 살아가면서 "이민자는 반드시 한국어를 구사해야 한다."라는 낡은 사고는 버려야 한다. 왜냐하면, 다문화 사회에서는 서로가 존중하지 않는다면 문화적 차이로 인해 이질감이 존재할 수밖에 없으므로 그들도 한국어를 배우고 우리도 외국어를 습득하려는 노력이 필요하다.

세월이 흘러 삶의 질이 향상되고 경제력이 강화되면서 세계화가 점점 빨라지고 있다. 국가 간 왕래가 빈번해짐에 따라 수많은 외국인의 방문으로 인해 외국어가 활성화되고 있다. 외국 현지에서 외국어를 습득한 젊은이들의 증가로 인해 국민의 외국어 구사 능력이 현저하게 향상되어 가고 있다. 이와 같은 현상으로 연령대와 상관없이 서로가 어울리면서 타문화를 즐길 기회가 점점 많아지고 있다.

또한 우리나라는 지리적 특성으로 인해 중국과 일본의 언어가 발음과 알파벳은 다를지라도 한자의 의미가 공통으로 사용되고 있어서 일본어와 중국어를 비교적 쉽게 배울 수 있다는 장점이 있다. 따라서 인생 후반부에 외국어 습득에 도전해 볼 것을 적극적으로 추천한다. 늦은 나이에 외국어를 배운다는 것이 불가능하다는 생각은 절대로 금물이다. 지금까지 생소했던 외국어를 배운다는 것은 그야말로 아름다운 도전일 것이다.

언젠가 노숙자가 영어신문을 숙독하고 영어로 대화하는 모습을 목격한 적이 있는데, 비록 특별한 사연으로 인해 노숙하고 있는 신세가 되었지만 그를 바라보는 시선들이 남다름을 몸소 느낄 수 있었다. 이처럼 다문화가 공존하는 사회에서는 상대가 구사하는 외국어를 습득하여 외국인과 자연스럽게 소통한다면 빠른 속도로 친해질 수 있으므로 특별한 행복 추구의 기회가 될 것으로 생각된다.

또한 경제적 풍요로움으로 인해 해외 방문이 빈번해지고 많은 외국인이 우리나라를 방문하면서 외국어 구사 능력이 절실히 요구되고 있으므로 외국어에 관심이 점점 고조되고 있다.

더욱이 노년기에는 뇌 건강을 위해 끊임없이 뇌를 사용해야 노인성 망각이나 치매를 예방할 수 있다. 따라서 외국어를 구사할 수 있는 능력을 위한 공부도 뇌 활동에 많은 도움이 될 것이다.

유럽 여행 중 수많은 국가의 인종을 만나면서 필자를 깜짝 놀라게 했던 것은 바로 유럽의 대부분 사람이 2개 국어 이상의 언어를 구사할 수 있는 능력 때문이었다. 관광업이 발달한 스위스의 경우 심지어 택시 기사도 5개 국어에 능통하다고 한다. 이와 같이 여러 국가의 언어 구사능력도 이들이 살아가는 수단일지도 모르겠다.

chapter 16

달보다 달걀을 먹자

닭보다 달걀을 먹자

은퇴 후 각종 유혹에 빠지게 되어 패가망신하는 경우를 종종 뉴스 매체를 통해 보도되기도 한다. 은퇴 전까지 한평생 자신이 누릴 수 있는 행복추구권 일부를 포기하면서 모은 자산을 몇 배로 늘려주겠다는 주변의 달콤한 감언이설에 넘어가는 일도 있다. 그동안 경험해 보지 못했던 일확천금을 꿈꾸며 확실한 분석과 검토 없이 오로지 감성적 판단으로 과감하게 거액을 투자하는 순간부터 각종 고민과 불안감으로 노후의 삶을 망가뜨리고 결국은 모든 것을 날리는 경우를 흔히 볼 수 있지 않은가?

이와 같은 현상은 인간의 끊임없는 욕심에서 비롯되어 주변의 동료나 일가친척으로부터 비정상적인 제안을 뿌리치지 못한 결과 고통스러운 노후를 맞이하기도 한다. 필자의 지인도 은퇴 후 받은 거액의 퇴직금과 그동안 모아놓은 현금을 동료가 제안한 사업에 투자했다가 동료의 고의적인 사업 부도로 인해 전 자산을 날리고 당장 생활비가 없어 아파트 관리직원으로 취업하여 최저임금으로 살아가고 있다, 또한 평생 초등학교에서 근무하고 교장 선생님으로 퇴직한 사람이 연금 대신 일시금으로 현금을 받아 아들의 사업에 지원했으나, 사업이 변변치 않아 수익은 고사하고 현상 유지도 할 수 없는 지경에 이르자 할 수 없이 고령임도 불구하고 일용직 노동으로 생계를 이어가고 있다. 평생 직장생활을 하면서 가족부양으로 인해 빠듯한 삶으로 어렵게 살아온 직장인은 대부분 정년퇴임 후에는 연금으로 생활해야 하지만, 사업을 목적으로 연금을 포기하는 것은 커다란 도전의 고위험 투자이기 때문에 심사숙고한 후 행동에 옮겨야 한다.

따라서 성공확률이 99%일지라도 1%의 실패 확률을 엄중하게 생각해야 한다. 당장 고기 맛을 즐기기 위해 닭을 잡아먹지 말고 닭이 달걀을 낳아 꾸준하게 정기적으로 먹을 것을 제공해 주는 닭을 살찌워 싱싱한 달걀을 낳도록 해야 인간다운 노후를 보낼 수 있다는 평범한 원리를 항상 기억해야 한다. 그렇지 않고 주변의 제안을 거부하지 못하고 닭을 잡았을 때는 정기적으로 제공되었던 달걀도 먹지 못한다.

더욱이 투자한 사업이 제안했던 내용대로 진행되지 못했을 때 닥칠 정신적 고통을 염두에 두어야 한다. 이솝 우화(Aesop Fables)*의 '황금알을 낳는 거위'라는 우화에서도 매일 황금알을 낳아주는 거위의 배를 갈라 더 이상 황금알을 얻지 못하는 주인공의 어리석음을 지적하고 있다.

이 우화가 시사하는 바는 "주인은 거위의 배를 가를 것이 아니라 거위가 오랫동안 황금알을 낳을 수 있도록 꾸준히 보살펴주어야 했다."라는 것이다. 이처럼 은퇴 후 노년기에는 지나친 물질적 욕구를 충족할 목적으로 닭을 잡는 행위는 절대로 삼가고 닭이 제공하는 달걀을 섭취하면서 추가로 정상적인 노동력 제공에 의한 개인적 욕구를 충족시키도록 해야 한다.

---

* 기원전 6세기경 고대 그리스에 살았던 노예이자 이야기꾼이었던 아이소포스(Aesops)가 지은 우화 모음집이다.

정기적으로 지급되는 연금을 선택하자

노년기에 접어들어 은퇴할 때는 직장 연금을 받는데, 선택적으로 일시금으로도 받을 수 있는 제도를 시행하고 있다. 대부분 일시금보다 연금을 선택하지만, 목돈이 필요하거나 사업 자금을 마련하기 위해 일부 또는 전부를 일시금으로 받는 사람도 있다. 그런데 연금의 액수를 줄이고 일부를 일시금으로 받는 사람들은 그 일시금을 자식들의 사업 자금을 위해 지원하거나 불필요한 곳에 사용하여 의미 없이 사라질 수 있다는 위험을 염두에 두어야 한다.

필자의 초등학교 스승도 퇴직할 때 연금 대신 퇴직금 명목으로 일시금을 선택하여 현금으로 받았으나, 자식들의 사업 자금으로 조금씩 지원한 탓으로 일시금 모두를 탕진해 버리고 말았다. 그 결과 은퇴 후에도 생업을 위해 공공 주차장 경비로 취업하여 고생하는 안타까운 모습을 지켜본 적이 있다. 특히 요즘같이 저금리 시대에는 일시금을 받아 은행에 예치해 놓고 이자 수입에 의존하는 것보다 매달 받는 연금이 훨씬 안정적이고 이자 수입을 초과할 수 있기 때문이다.

더욱이 국민연금이나 사학연금, 공무원연금, 군인연금 등의 정부 보조 연금은 매년 물가 상승률에 따라 오른 금액으로 지급된다. 따라서 우리나라는 국민 복지 차원에서 연금 가입제도가 의무 사항으로 되어 있는데, 직장을 정년으로 퇴임하거나 사업을 그만둘 때는 일시금보다 매월 정기적으로 받을 수 있는 연금을 선택하여 노후의 안정된 삶을 추구해야 한다.

노후에 취미생활이나 여행 등을 즐기면서 안정된 생활을 추구하기 위해서는 직장이나 개인사업자가 의무적으로 가입하여 납부한 연금으로는 부족하기 마련이다. 이러한 사회적 수요를 고려하여 최근에는 노후에 경제적 걱정을 줄이고 안정된 생활을 위한 각종 개인연금이 출시되어 판매되고 있다.

노년기의 편안하고 풍성한 삶을 위해서는 우선 경제적으로 안정되어야 하므로 이와 같은 개인연금을 준비하는 것도 필요하다. 인간의 기대수명이 점점 늘어나고 있는데 직장의 정년은 60대 초반에 불과하여 은퇴 후 직장생활을 했던 만큼의 세월을 경제활동 없이 생활해야 하는 사회적, 생리적 현상은 빈곤한 노후를 가중시키고 있다. 이와 같은 현상으로 인해 빈곤한 노후를 보내야 하지만, 나이가 들어갈수록 베풀어야 대우받는 세상이기 때문에 그만큼 경제적인 수입이 요구되어 행복한 노후를 즐긴다는 것은 그리 쉬운 일은 아니다.

물론 요즘 젊은이들은 대부분 변화되고 있는 생리적, 사회적 현상을 직시하고 젊었을 때부터 노후를 대비하는 경향이 있으므로 특별한 문제가 없다. 그러나 이미 60대에 접어든 사람들은 대부분 직장 연금이나 국민연금 이외에는 특별히 노후를 위해 준비한 것이 없으므로 은퇴 후에도 생업을 위한 경제활동을 의무적으로 참여해야 하는 실정이다. 따라서 직장을 은퇴하였을지라도 노령에 어울리는 직업을 다시 찾아야 하고, 사업자는 70대까지 사업에 매진해야 한다.

결론적으로 은퇴 후에 더 안정된 삶을 추구하기 위해서는 노후 대비를 위해 의무적으로 가입하는 연금 이외의 개인연금에 가입하여 추가 연금을 받을 수 있도록 미리 준비해 두어야 하고, 퇴직 시에는 반드시 매월 지급되는 연금을 선택하여 윤택한 노후를 보낼 수 있도록 해야 한다.

자신을 위해 살자

노년기에 접어든 사람들은 평생을 가족과 부모를 위해 자신을 희생하며 경제활동을 해 오면서 정신적인 여유를 가질 수 없었다. 따라서 은퇴 후에는 오로지 자신만을 위한 삶으로 전환하여 그동안 느껴보지 못했던 행복을 추구하면서 살아야 한다.

지금까지는 모든 삶이 공동체 의식 가운데 이루어져 왔다. 자신만을 위한 시간적 공간이 없었기 때문에 하루아침에 개인적 삶으로 전환하기에는 다소 무리가 따를지라도 독한 마음으로 자기 행복을 추구할 수 있는 삶의 구조로 과감하게 바꿔나가야 한다.

이와 같은 행동의 변화에는 자식과 부모 그리고 친지들의 협조가 적극적으로 요구된다. 평상시에 자식들 스스로 개인적 독립을 위한 내성을 길러주어 경제적으로는 절대적 독립이라는 개념을 심어주어야 할 것이다. 만약, 자식이 아파트를 구매하는 데 일부 부담을 요구하거나 사업 자금의 지원 또는 연대보증의 요구가 있을지라도 감성적 판단에 의한 결정보다 이성적으로 단호하게 거절할 수 있는 묵시적인 규범을 서로가 인지하고 있어야 한다.

이와 같은 사회적 인식이 바로 정신적 독립이고 자기 행복을 추구할 수 있는 조건일 것이다.

일찍이 서양에서는 자녀의 교육과정에서 대학교 시절부터 경제적으로 독립해야 한다는 사회적 합의가 이루어져 있으므로 스스로 경제문제를 해결해야 하는 문화가 존재한다. 대학 입학 당시부터 부모의 지원 없이 스스로 은행에서 대출받아 등록금을 지불하고 졸업 후 취업과 동시에 대출금을 갚아나가는 것이 젊은 청년들에게 일반화되어 있다. 우리나라 청년 문화와 비교할 수 없을 정도로 생소한 것 같은 문화가 서양에서는 예외 없이 적용되는 평범한 문화이다.

우리나라의 경우 고등교육은 물론이고 취업과 결혼 그리고 주거지 마련까지 부모가 주도적으로 지원하거나 보조해야 하는 불합리한 문화가 뿌리내리고 있다. 심지어 부모는 자녀를 결혼시키고 손주 양육까지도 지원해야 하는 일도 있지 않은가? 그러나 정작 부모는 사전에 특별한 노후를 준비하지 못한 상태에서 연금이나 퇴직금으로 겨우 생계를 꾸려야 한다.

자식의 양육과 교육, 결혼 그리고 손주의 양육을 지원하느라 자신의 노후 준비를 소홀히 해왔다. 그렇다고 자식들이 부모님의 은퇴 후 삶을 책임지는 경우는 거의 없으므로 은퇴 후의 삶이 피폐해지기 일쑤이다. 이와 같은 불균형의 삶을 타파하고 노후의 정신적, 경제적으로 윤택한 노후 생활을 위해 철저히 준비하여 은퇴 후에는 자기 행복을 위한 삶을 적극적으로 실행에 옮길 수 있도록 해야 한다.

그러나 아무리 생활방식이 변화할지라도 자신만을 위한 삶을 선택하라는 의미는 아니다. 다만, 자신이 행복하게 살아갈 수 있도록 그동안 누리지 못했던 취미생활과 더불어 살면서 나눔에 동참하고 나만이 소유하고 있는 지식을 남들에게 기부하면서 나름대로 보람을 찾는 행복한 삶을 추구해야 한다는 의미이다.

또한 지구촌 곳곳을 여행하면서 문화적 차이를 이해하고 자신이 처해 있는 정확한 인생의 좌표를 인지하면서 '나는 누구인가'의 의문을 스스로 알아차리면서 진정한 삶의 의미를 깨닫는 것이 행복의 출발일 것이다.

필자의 경험에 의하면 약 90개 국가를 여행하는 과정에서 스스로 깨달은 것은 내가 태어난 국가의 고마움을 인지할 수 있었고, 오늘날까지 건강하게 아름다운 삶을 이어갈 기회를 준 주변의 동료와 가족이 얼마나 위대하고 감사한지를 몸소 느낄 수 있었기 때문에 무척 행복했던 것 같다.

이와 같은 소중한 경험을 통해 은퇴 후에도 망설이지 않고 해외여행을 하면서 나름대로 문화적 차이를 인지하고 이해하면서 즐기며 살아가기 위해 노력하고 있다.

chapter 17

더불어 살아가자

더불어 살자

인생에서 직장 은퇴는 삶의 전환점으로써 새로운 개념으로 삶을 장식해야 할 것이다. 즉, 그 동안 선의의 경쟁 관계의 사회적 시스템에서 벗어나 주위를 돌아보며 기쁨과 슬픔을 함께 할 수 있는 여유를 가져야 한다. 삶의 방식을 '나' 중심의 삶으로 전환하되 험한 환경에서 살아가는 이웃의 마음을 적극적으로 헤아릴 줄 아는 아름답고 순수한 감정을 가져야 한다.

여기서 나만을 위한 삶이란 널리 인정되는 사회적 규율이나 도덕적 규범을 무시하라는 의미는 절대로 아니다. 세상의 모든 이치가 법률과 규정을 바탕으로 살아간다면 사회는 무미건조하므로 도덕적 이해와 아량이 선행되어야 한다는 의미이다.

인간은 나이가 들어감에 따라 숙성된 감성이 이성을 지배하여 사고의 폭이 넓어지는 경향이 있다. 공자의 논어 위정편(爲政篇)에 나오는 나이대별 이칭(異稱)을 소개하면 "15세에는 학문에 뜻을 두고(지학, 志學), 30세에는 도덕 위에 서서 뜻을 세우고(이립, 而立), 40세에는 어떤 유혹에도 넘어가지 않으며(불혹, 不惑), 50세에는 현재 하는 일이 자기 의지만이 아닌 하늘의 섭리에 의한 것임을 느낄 줄 알고(지천명, 知天命), 60세에는 귀가 순해져 모든 말을 객관적으로 듣고 이해할 수 있고(이순, 耳順), 70세에는 뜻대로 행해도 어긋나지 않는다(고희, 古稀)."라고 했듯이 인간은 나이대별로 사고의 영역이 달라지고 이해의 폭이 넓어지면서 숙성된 감성으로 살다가 여생을 마친다.

특히 은퇴 나이에 접어드는 이순이라는 표현은 풍성한 의미가 함축된 단어로, 단지 60세라는 숫자 이상의 깊은 철학과 인생의 통찰을 담고 있다. 또한 이순은 단순히 나이를 의미하는 것이 아니라, 삶의 한 경지로 도달하는 이해와 수용의 나이로서 상징되기 때문에 인생의 전환점이 되는 나이대이기도 하다.

나이가 들면 가족의 범위도 더불어 늘어나고 사회적 경계도 점점 없어지면서 베풀어야 할 내용도 많아지는 법이다. 최근에는 노인들의 값진 삶이 강조되면서 정부나 지자체를 비롯하여 사회단체에서 마련한 노인을 위한 각종 프로그램이 운영되고 있어 관심 있는 프로그램을 마음대로 선택하여 즐길 수 있다.

인간은 태생적으로 사회적 동물이기 때문에 동료들끼리 관계를 형성하면서 살아가는 것이 진정한 행복의 출발이다. 이처럼 제2의 사회적 관계가 형성되는 가운데 동아리 활동이나 약자들을 위한 봉사활동을 통해 자아를 발견할 수 있는 계기가 되어 아름다운 세상을 만들어가는 주인공으로 삶의 보람을 체험할 수도 있다.

그렇지 않고, 갖가지 이유로 인해 사회적 관계 형성을 부정하고 나만의 공간에서 시간을 보낸다면 점점 감성은 건조해져 정서적 안정과 건강에 부정적인 영향을 미칠 것이다. 따라서 인생 후반기에는 사회적 현상에 순응하면서도 자신만의 값진 삶을 장식하기 위해 사회적 활동에도 참여해야 한다. 이와 같은 왕성한 사회활동은 자존감을 높일 수 있을 뿐만 아니라 자신의 정신적 건강에도 많은 도움이 될 것이다.

최근에는 은퇴 후 사회에 진출하여 젊은이 못지않게 열정적으로 활동함으로써 나름대로 행복을 추구하는 아름다운 모습을 어렵지 않게 볼 수 있다. 노인에게 주어지는 기득권을 내려놓고 취미활동을 위한 동호회를 결성하고, 사회 봉사활동을 위한 단체를 설립하는 등 사회 전반에 걸쳐 약자들의 등불이 되고 힘이 되어주고 있다.

이와 같은 사회적 활동은 굳이 심리학자들의 말을 빌리지 않더라도, 그들은 나눔과 베풂을 통해 삶의 보람과 행복을 실현하는 것이다. 바꿔 말하면, 그들은 나누어주는 행위를 통해 자존감을 높이고 무엇과도 바꿀 수 없는 행복감을 느끼며 살고 있는 것이다. 행복과 불행의 경계는 한 장의 종이 두께보다 얇아 일상적인 삶에서 존재하고 있으며, 행복은 누구나 손쉽게 스스로 찾을 수 있는 개념으로 자신의 사고와 인식의 변화를 통해 얻을 수 있다.

불행한 사람이 추구하는 것은 대부분 '돈', '학력', '출세', '외모'로, 이것이 충족되지 못하면 패배 의식에 사로잡혀 항상 우울한 가운데 살아가기도 한다. 그러나 불행한 사람들이 추구하는 것들은 살아가는 수단의 일부분일 뿐이며, 지나친 강조는 행복과 관계없는 허세에 불과하다. 진정한 행복은 삶의 과정에서 사소한 목표일지라도 그 목표를 향해 감사하며 변함없이 정진하는 것이다.

미국 필라델피아 주의 일간지 필라델피아 인콰이어러(The Philadelphia Inquirer)에 실린 '불행한 사람들의 10가지 특징'을 소개하고자 한다. 여기에 소개되는 불행한 사람들의 특징들을 반대로 실천한다면 행복한 사람으로 변화할 수 있다는 것을 전제로 인용하였다.

▌무슨 일이든 쉽게 포기한다

살아가면서 도전에 직면했을 때 성공 가능성이 없어 보이거나, 예상되는 어려운 상황이 두려운 나머지 극복하지 못하고 쉽게 포기하는 경향이 있다. 위험이 다소 예견될지라도 용기를 내어 조심스럽게 도전한다면 좋은 결과를 얻을 수 있지만, 쉽게 포기한다면 잠재적인 패배감으로 남을 뿐이다.

▮자신의 처지를 필요 이상으로 비관적으로 생각한다

자신에게 처한 사소한 문제를 지나칠 정도로 심각하게 생각하는 사람들은 보편적으로 자신의 삶을 비관적으로 치부하고 언제나 잠재적인 문제의식으로 올바른 사고를 할 수 없다. 항상 긍정적인 사고와 함께 대담하게 넘겨버리고 자신감을 키운다면 주어진 자신의 상황을 낙관적으로 생각할 수 있다.

▮아무 운동도 하지 않는다

만물의 영장이라는 인간은 합리적이고 균형 잡힌 삶을 위해서는 건강해야 하므로 육체적 · 정신적 건강을 지키기 위해 끊임없이 운동해야 한다. 필자 역시 직장 생활하면서 특별한 경우를 제외하고 매일 운동하면서 건강을 다져왔다. 사실 규칙적으로 운동하는 사람들은 운동 후 느껴지는 표현할 수 없는 긍정적 에너지가 공급되어 오늘 하루 잘 보낸다는 사실에 동의할 것이다. 반대로 규칙적인 운동을 하지 않는다면 기분과 건강, 행복에 부정적인 영향을 주기 때문에 불행한 삶의 주인공이 될 수밖에 없다.

▮이루기 힘든 목표를 세운다

자신이 수립한 목표 달성을 위해 추진하는 과정에서 문제가 발생할지라도 과감하게 도전한다면 가까스로 목표를 달성할 수 있다. 그러나 그 목표가 터무니없이 장대하거나 비현실적일 경우 처음부터 긍정적으로 도전하지 못하고 실패할 확률이 높기 때문이다. 따라서 사소하지만 성공할 수 있는 목표를 세우고 이를 달성하거나 초과했을 때 만족감을 느끼는 것이다.

▌건강에 안좋은 음식을 자주 먹는다

흔히 패스트 푸드(Fast Food)나 인스턴트 푸드(Instant Food)가 건강에 해롭다는 것을 인지하고 있으나, 이와 같은 음식에 현혹되어 비만이라는 신종 질병에 걸린 사람들을 주변에서 어렵지 않게 목격할 수 있을 것이다. 더욱이 오염된 식재료로 만든 음식은 건강에 치명적일 경우도 있다. 건강에 좋은 음식을 먹어야 기분이 좋아지고 더 많은 에너지를 갖게 되며 육체적 건강도 향상된다.

▌수면시간이 부족하다

인간에게 수면은 오복의 하나인 만큼 각종 경제활동으로 인한 피로를 해소해주고 정신적 건강을 유지하는 매우 중요한 신체의 신진 대사 활동이다. 따라서 하루 8시간 정도의 수면으로 맑은 정신과 함께 건강하고 행복한 삶을 추구해야 한다. 그러나 최근 많은 사람이 수면장애로 불면증을 호소하면서 수면제에 의존하고 있어 사회적 문제로 대두되고 있다. 따라서 정상적인 수면 시간을 유지하기 위해서는 매일 적당한 운동과 건강한 음식을 섭취해야 한다.

▌SNS에 너무 많은 시간을 투자한다

최근 소셜 미디어(Social Media) 발달로 인해 각종 정보를 발췌하거나 온라인을 통한 게임 또는 각종 동호회 활동 등으로 심각할 정도로 심취되어 지나치게 많은 시간을 소비하는 경향이 있다. 이와 같은 행동은 정서적 안정에 부정적인 영향을 미치고 있어서 적당히 제어하면서 필수적인 경우에만 SNS를 이용해야 할 것이다.

▮다른 사람의 생각과 의견에 과하게 신경 쓴다

타인의 행복을 위한다는 목적으로 자신을 희생하면서 지나치게 관여하는 것은 스스로 불행을 자초하는 것이다. 즉, 다른 사람이 어떤 생각을 하는지에 너무 많은 관심을 둔다면 자신에게 불리한 영향을 미치기 때문이다. 타인의 의견을 무시하지 않는 수준으로 대수롭지 않게 지나치고 자신을 사랑하는 것이 가장 중요하다.

▮일을 너무 많이 한다

OECD 국가 중에서 우리나라 사람들의 노동시간이 가장 길다는 것은 이미 밝혀진 사실이다. 과거에는 잘살아 보겠다는 일념으로 수면 시간을 제외한 나머지 시간은 일밖에 모를 정도로 일벌레처럼 살아왔다. 그러나 '노동의 질' 연구 보고에 의하면 적당한 휴식으로 정서적 안정을 유지하면서 제공되는 노동력이 훨씬 질적으로 우수한 것으로 나타났다.

▮용서를 거부한다

더불어 사는 사회인만큼 인간관계가 모두 좋을 수는 없으므로 종종 불미스러운 관계로 변할 경우도 있으며, 심지어 원한을 품고 살아갈 수도 있다. 그러나 상대와 대면하기조차 싫어할 때 자신도 정서적 건강에 부정적 영향을 미칠 수 있으므로 화해를 통해 원만한 관계를 유지하는 것이 바람직하다. 즉, 원한을 놓아버리고 자신과 다른 사람을 용서할 때 자유와 평화가 안착하여 정서적으로 안정을 찾을 수 있게 된다.

나누며 살자

옛말에 "개같이 벌어서 정승같이 쓰자."라는 문구가 우리에게 많은 지혜를 던져주고 있다. 필자는 언제나 "사용하지 않는 현금이나 자산은 내 것이 아니다."라고 주장해 왔다. 아무리 현금이 많고 엄청난 자산을 보유하고 있을지라도 그것을 자신이나 남을 위해 사용하지 않으면 아무 의미가 없는 그저 명목상의 물질일 뿐이다. 만약 90섬의 쌀을 가진 자가 10섬을 가진 자의 쌀을 탐내고 있다면, 물질 만능주의에 빠진 사람으로 절대로 나눔이라는 것을 실현하지 못하고 생을 마감할 것이다.

특히 우리나라의 일부 재벌들은 자산 증식을 위해 온갖 편법을 동원하고, 심지어는 불법 수단을 이용하여 끝내 사법부의 재판에 소환되는 경우가 있다. 이처럼 오로지 소유욕으로 가득 차 있는 사람은 끊임없이 물질적 욕구를 충족하는 데 혈안이 되어 이웃을 위해 통 큰 나눔이라는 개념은 생각조차 할 수 없다.

그러나 선진국에서는 어린 시절부터 부모로부터 작은 나눔을 실천하는 방법을 배우며 성장하기 때문에 성인이 된 후 선의의 경쟁을 통해 얻은 물질이나 지식을 과감하게 사회에 환원하거나 약자를 위해 기부하는 문화가 일반화되어 사회에 온정을 불어넣기도 한다.

석유왕으로 불리는 스탠다드 오일(Standard Oil Co.)의 창업주인 록펠러(John D. Rockerfeller)는 미국 역사상 최고의 부를 축적한 대부호이지만 '노블레스 오블리주(Noblesse Oblige : 높은 사회적 신분에 상응하는 도덕적 의무)'를 실천하지 못해 미국 국민에게 도덕적으로 존경을 받지 못했다. 그러나 록펠러는 1892년 미국 시카고대학교 설립에 이바지했고, 8,000만 달러 이상을 이 학교에 기부했으며, 1897년 이후로 자선사업에 전념하기 시작했다. 록펠러의 자선사업은 그의 외아들인 '록펠러 2세(John D. Rockerfeller Jr.)'에 의해 본격적으로 이루어지면서 뉴요커(New Yorker)들로부터 존경받기 시작했다. 또한 뉴욕 현대 미술관과 록펠러대학교 등을 설립하였으며, 록펠러 1세의 유언에 따라 록펠러 재단에서 뉴욕 주민들을 대신해 뉴욕시 전체의 수도세를 부담하고 있다.

미국의 세계 최대의 주식 부자이자 버크셔 해서웨이(Berkshire Hathaway Inc.) 최고경영자 워런 버핏(Warren Edward Buffett)도 보유하고 있는 주식 전부를 단계적으로 자선단체에 기부하기로 하였으며, 전재산의 99%를 자선단체와 사회에 환원하겠다는 서약을 하고 스스로 행복해하고 있다.

워런 버핏이 기부에 관심을 가졌던 계기를 소개하면, 젊은 시절 불치의 병에 걸려 의료진으로부터 시한부 판정을 받았다. 그러나 자신이 평생 모은 소중한 재산을 남을 위해 사용해야겠다는 결심과 함께 진정한 나눔의 활동을 시작했는데, 그 후부터 병세가 회복되어 2025년 현재 95세의 나이임에도 왕성하게 경제활동을 하고 있다.

이와 같은 기부문화가 미국 사회에 뿌리를 내리고 있으므로 수많은 기업가가 정기적으로 교회, 교육기관, 또는 자선단체 등에 기부하고 있다. 또한 21세기 초반 13년 연속 세계에 가장 부자로 알려진 마이크로 소프트 (Micro Soft Co) 창업자 빌 게이츠(William H. Gates)도 자산 200억 달러 규모의 '빌 앤 멜린다 게이츠 재단((Bill&Melinda Gates Foundation)'을 설립하고 에이즈(AIDS)나 말라리아, 풍토병 등 질병 퇴치를 위한 연구에 투자하고 있다.

물론 우리나라에도 가끔 기업인이나 개인이 평생 모은 개인재산을 교육기관에 기부하기도 하지만, 아직 미국이나 선진국처럼 기부문화가 사회 전반에 걸쳐 보편화되지는 못하고 있다. 아무리 생전에 천문학적인 재산을 모았을지라도 사용하지 않으면 절대로 저세상으로 가져가지 못하고 잠시 소유했을 뿐이므로 값진 의미를 남길 수 있도록 사용하는 것이 중요하다. 기업의 재벌이라 할지라도 반드시 사회적 배려에 앞장서는 것은 아니다. 오히려 적당히 가진 자들이 불우한 이웃이나 사회적 약자들을 위해 배려하는 경우가 많다. 바꿔 말하면, 사회적 배려는 재력가들에 의한 이루어지는 행위가 아니고 사회 구성원 모두가 대상으로서 오로지 순수하게 우러나오는 마음의 의지이다.

그러나 대부분 재벌은 2세들에게 많은 재산을 물려주기 위해 편법으로 증여하여 자식들의 배를 불리고 있다. 재벌기업의 창업자가 본인의 사후에 형제자매들 간 재산 다툼으로 이어져 기업을 망가트리기도 한다. 재산축적으로 인해 가족이 붕괴하는 결과보다 차라리 사회에 환원시키고 떠나면 오히려 기업의 존속 가치를 높일 수 있지 않을까?

부모님으로부터 물려받은 재산이 많다든지, 또는 스스로 경제활동을 통해 부를 축적했을지라도 사용하지 않으면 절대로 나의 자산이라고 말할 수 없을 것이다. 그러나 인간의 욕심은 끝이 없는 법이기 때문에 언제나 더 많은 부를 축적하기 위한 수단을 찾아 헤매고 있을지도 모른다. 많은 자산을 보유하고 있는 사람은 베풀지 않으면 주위에 진정한 친구들이 떠나고 홀로 남는 일도 있다.

앞에서 여러 가지의 사례를 서술하였듯이 가진 자산을 사회에 환원시키거나 자선단체에 기부한다면 스스로 자존감을 회복하면서 사회의 구성원으로서 존경받을 것이고 정신적으로도 건강해질 것이다. 나이가 들면 "입은 닫고 주머니는 열어라."라는 말은 오늘날 노령화 사회에서 딱 어울리는 표현으로써 상대방으로부터 받을 것을 기대하기 전에 내가 먼저 베풀고 나누며 살아가는 아름다운 지혜가 필요하다.

베푼 후 대가는 바라지 말자

살아가면서 진정으로 아낌없이 베풀었다고 장담하기란 쉽지 않을 것이다. 필자가 동창 모임에서 들었던 한 친구의 이야기를 소개하면, 과거 공기업의 직장에 근무하면서 합법적인 업무 범위 내에서 다른 친구 회사의 공장 인프라 시스템(Infra System)을 구축하는 데 적극적으로 많은 도움을 주었음에도 감사의 인사가 없었다며 불평한 적이 있다.

즉, 불평 내용은 공기업의 친구가 사기업을 경영하는 친구에게 도움을 줄 때 일정한 대가를 전제로 했다는 이야기에 불과했다. 이때 친구가 베풀었다는 이야기는 진정한 베풂으로 생각되지 않았다. 왜냐하면, 진정으로 베푼다는 행위는 대가를 바라지 않는 일방적 베풂이 되어야 진정한 의미의 나눔으로 승화될 수 있기 때문이다.

직장에서 업무적으로 동료에게 도움을 준 경우에도 도움을 받은 동료가 감사의 인사를 하지 않는다는 이유로 비난한다면, 진정한 마음에서 도움을 줬다고 할 수 없을 것이다. 도움을 받은 동료는 감사하는 마음을 표면적으로 전달하지 못했을 뿐이지, 틀림없이 감사한 마음을 간직하고 있을 것이다.

필자가 대학의 국제교류업무를 총괄하면서 유학생들에게 부모 역할을 담당하였을 때, 각종 조언과 경제적 지원을 하면서 단 한 번도 학생들에게 보답을 기대해 본 적이 없다. 만약, 유학생들에게 베푼 만큼 대가를 기대했으나 보답이 없었다는 이유로 서운한 감정을 가졌다면 진정한 마음의 베풂이 아니었을 것이다.

언제나 국적과 관계없이 자식을 대한다는 기쁜 마음으로 도움을 주었기 때문에 나름대로 행복했을 뿐이었다. 따라서 당시 유학생들에게 베풀었던 물질적 지원과 시간은 오로지 마음에서 우러나는 행위였기 때문에 조금도 후회하지 않고 오히려 스스로 자랑스럽게 생각하고 있다.

최근 정치인들의 활동을 자세히 들여다보면 정상적인 사고방식으로는 도저히 이해되지 않는 경우가 있다. 권력을 손안에 쥐고 있을 때 당연히 국민을 위해 봉사해야 함에도 특별한 지원이나 도움을 주었다는 핑계로 후일에 대가를 요구하면서 상대를 헐뜯는 광경을 볼 때 가증스럽게 느껴질 때도 있다. 이권 갈등으로 인해 어제의 전우가 오늘은 적이 되는 우스꽝스러운 모습이 공중파를 통해 전해지기도 한다.

우리나라가 선진국 대열 진입했다는 것은 경제 규모나 문화적인 교류 등의 통계가 객관적으로 입증하지만, 정치권은 아직 후진국 수준에 불과한 것 같다. 앞에서 서술한 바와 같이 진정으로 상대를 위해 베풀었다면 그것으로 자기만족과 함께 보람으로 생각하면 그만인 것을 베푼 만큼 되돌려 받아야 한다는 사고방식은 자신의 정신건강을 위해서라도 버려야 한다.

chapter 18

법과 도덕적 규범준수를 습관화 하자

법과 도덕적 규범을 준수하자

여러분은 "과거에 차량을 운전하면서 차창 밖으로 쓰레기를 버리거나 껌을 씹고 난 후 도로에 버린 적이 있나요?", "승용차 운전 중 고속도로의 버스 전용차선을 이용하거나 갓길을 무단으로 운전한 경험은 있나요?" 또는 "음주 후 운전한 경험이 있나요?"라는 질문을 받았을 때 "아니오"라고 대답할 수 있는 사람은 많지 않을 것이다. 필자에게 이와 같은 질문을 한다면 "예"라는 대답밖에 할 수 없다.

즉, 평범한 일상생활에서도 우리는 늘 규칙이나 법을 위반할 수 있는 환경에 노출되어 있다. 이와 같은 행위는 모두 범죄 행위라는 것을 잘 알고 있지만, 남다른 행위로 말미암아 법이나 규칙을 위반했을지라도 단속되지 않았다는 자부심으로 반복해서 위반하는 예도 있을 것이다. 이와 같은 행위가 때로는 엄청난 재난의 원인이 될 수도 있다. 특히 노년기를 즐기고 있는 사람들은 사회적 규범이나 법을 자발적으로 지키는 습관을 지녀야 한다.

대수롭지 않은 법과 규범이라 할지라도 혹은 주변에 사람들이나 감시자가 보이지 않는다 해도 솔선수범하여 준수하지 않으면 목숨을 앗아갈 수 있는 사건의 원인이 될 수 있다. 만약 우리가 모두 이와 같은 법과 규범을 준수하는 생활 습관이 몸에 배어있다면 아마도 공공의 안전이 보장되고 사회적으로도 건전한 문화가 정착되는 계기가 될 것이다.

법과 도덕적 규범이 존재하는 이유는 준수하지 않는 사람이 있기 때문이다. 그러나 공식적인 환경보다 비공식적 상황이나 주위의 감시가 없으면 법과 사회적 규범의 준수를 어겨도 된다는 유혹을 견디기 어려울 때도 있다. 예를 들면 왕래하는 차량이 없거나 심야의 도로에 설치된 교통신호등의 빨간색 멈춤 신호에도 불구하고 지나쳤다면 처벌은 받지 않을지라도 도덕적으로 문제의식을 느끼지 않을 수 없다. 인간의 뇌는 가벼운 윤리적 위반이 반복되면 학습효과에 의해서 더 큰 위반에도 감각이 둔해지는 경향이 있다.

대부분 음주운전으로 처벌받는 사람들은 처음부터 운전면허증 취소 수준의 알코올을 섭취하지 않았을 것이다. 가벼운 마음으로 한 잔의 소주나 맥주를 마시고 운전해도 전혀 문제가 없는 것으로 인식된다면 음주량이 과해도 습관적인 음주운전을 반복하여 결국은 단속으로 처벌되기도 한다. 그러나 이와 같은 음주운전은 습관화되어 반복적인 위반으로 가중처벌을 면치 못할 것이다.

이처럼 스스로 지키지 않는 법과 사회적 규범의 행위는 자신의 양심을 속이는 것이며, 주변에 엄청난 피해를 안겨줄 수 있다는 것을 명심해야 한다. 음주운전은 살인적 행위라는 경각심을 인식하고 법적 처벌에 앞서 도덕적 관점에서 스스로 사고의 원인을 처음부터 제공하지 않는 윤리적 양심으로 절제해야 한다.

실제로 음주운전으로 인해 크고 작은 사고가 빈번하게 발생하여 피해자에게 돌이킬 수 없는 상처를 안겨주는 일이 사회적 문제가 되고 있지 않은가? 젊은 시절 혈기가 왕성할 때는 스스로 저지른 범법행위를 자랑스럽게 이슈화하면서 즐기는 일도 있겠으나, 반복적인 범법행위는 언젠가는 커다란 사고의 위험이 있다는 것을 잊지 말아야 한다. 일상생활에서 도덕적, 윤리적으로 해서는 안되는 일들이 무수히 많다.

예를 들면 담배꽁초를 도로에 버리는 행위, 껌을 씹은 후 아무 곳에나 내뱉는 행위, 기차 내에서 큰 소리로 전화하는 행위, 노상 방뇨 행위 등은 비록 작은 범법 행위일지라도 준수하지 않는다면 양심을 버리는 행위이다. 특히 노년기에 사회적 규범과 법을 준수하지 않는 것은 양심을 버리는 행위로 스스로 품격을 낮추는 것이다.

윤리적 규범 준수와 노년의 행복

노년기를 즐기는 사람일지라도 사랑받고 싶어 하는 마음은 젊었을 때처럼 같다. 그러나 사랑받기 위해서는 먼저 사랑 받을 조건을 스스로 제공해야 한다. 즉, 노년기에 약자라는 이유로 사회적 대우와 차원이 다른 순수한 마음으로 전달되는 사랑을 받기 위해서 사회적으로 인정되는 윤리적 규범을 철저히 준수하고 타인의 편리를 고려하는 잠재적인 행위가 습관화되어야 한다.

만약, 노년기에 사회적으로 주어지는 우선권만을 고집하는 행위는 사랑의 충분조건이 안된다. 비록 노년기일지라도 공공의 시설을 이용할 때는 자신보다 약자에게 과감하게 양보하며 사회적 윤리 규범을 스스로 지키는 배려가 요구된다. 필자는 지하철이나 버스 등의 공공교통을 이용할 때 노약자 좌석이 비어있을지라도 나보다 더 나이가 많거나 노약한 사람을 위해 가능하면 앉지 않는다.

가끔 공공장소에서 머리 색깔이 하얗고 얼굴에 미소를 머금은 상태에서 부드럽고 낮은 톤으로 대화를 이어가는 할머니나 할아버지를 만나면 왠지 존경스럽고 본받고 싶은 마음이 우러나기도 한다. 그와 같은 노인들에게는 흔히들 '곱게 늙어간다'라는 말이 자연스럽게 나온다. 그러나 진정한 노약자가 앞에 서 있음에도 스스로 노약자임을 자인하면서 노약자 좌석에 앉는 경우 사랑을 받기는커녕 얌체족으로 손가락질 받을 수도 있다.

굳이 종교적인 힘을 빌리고 싶지 않지만, 기독교는 하나님의 사랑을 바탕으로 성서를 통해 우리가 그 사랑을 실천함으로써 사후에 함께 천국으로 가기 위해 존재하는 종교인 반면, 불교는 부처님이 스스로 선택한 고행의 길을 더듬어가며 윤회사상의 믿음으로 자기 수행을 통해 부처님의 가르침을 깨닫는 종교이다. 따라서 스스로 깨달음으로서 몸과 마음을 씻어낼 수 있는 부처님의 가르침을 소개하고자 한다.

불교에서 부처님을 대하는 수행의 기본자세 신구의(身口意) 삼업(三業)은 "사람은 몸과 입과 생각으로 업을 짓는다."라는 의미로 몸으로 지은 죄(살생, 투도, 사음), 입으로 지은 죄(망어, 기어, 양설, 악구), 마음으로 지은 죄(탐애, 진애, 치암)이다. 신구의 삼업은 삶의 과정에서 의도하든 의도하지 않든 우리가 짓게 되는 구체적인 잘못의 표현으로 노년에는 신체를 청정(身淨)해야 하고, 입을 청정(口淨)하게 해야 하며, 생각을 청정(意淨)해야 한다는 가르침이다.

인생의 후반부는 더 이상의 죄를 범하지 않고 법과 규칙을 준수하면서 지금까지 살아오면서 지은 죄를 모두 씻어낼 수 있도록 최선을 다하는 아름다운 삶의 주인공이 되길 바란다.

법과 규범을 내면화하자

"차 운전 중 도로에 쓰레기를 버리면 안된다."라는 것을 잘 알고 있으면서도 남들이 버리는 행위를 목격하게 되면 "나도 남들의 시선을 피해 도로에 쓰레기를 버려야겠다는 생각이 들 때가 있다." 이 상황에서는 쓰레기를 버려도 죄의식을 느끼지 않을 것이다.

"교통법규를 위반하면 적발되어 교통 범칙금을 내야 하므로, 교통법규를 지킨다.", "어려운 사람을 도와주지 않으면 사회적으로 비난을 받을 수 있으니까 도와준다.", "쓰레기 분리수거를 하지 않으면 주변에서 욕을 하니까 분리수거를 한다.", "물건을 훔치다 발각되면 범법행위가 되니까 절도하지 않는다."와 같이 단지 사회적 제재를 회피하기 위해 사회적 규범을 준수한다면, 시선을 피할 수 있을 때 언제든지 규범을 위반하고자 하는 마음이 내면에 자리를 잡고 있을 것이다.

법을 지키고 규범을 준수하는 것은 선한 양심으로부터 출발하기 때문에 정신적 건강에도 직결된다는 생각으로 평상시에 습관화함으로써 걱정과 두려움 없는 노후를 즐길 수 있을 것이다.

이와 같은 범법행위를 원천적으로 제거하기 위해서는 사회적 규범이나 법의 준수를 내면화하여 어떠한 경우라도 규범이나 법이 허용하는 범위를 벗어나지 않는 행위가 표출될 수 있도록 해야 한다. 이처럼 법과 규범에 대한 자기 마음속의 내면화는 사회적 질서를 안정시키고 훈훈한 사회적 관계를 유지할 수 있을 것이다.

따라서 시선이 무서워서 지키는 법과 규범이 아니라 윤리적 사고와 함께 스스로 내면화된 마음으로 규범과 법을 준수하는 행위로 서로가 신뢰하는 사회의 구성원이 된다면, 쓸데없는 고뇌에서 벗어나 자신을 사랑하게 되어 건강한 사회를 이끌어갈 수 있다.

어렸을 때부터 습관적으로 부모님이나 선생님으로부터 배운 상식의 수준을 벗어나지 않는 사회적 규범과 법은 나이가 들어감에도 불구하고 지켜지기 마련이지만, 사회적 환경이나 구성원 간의 관계 속에서 자기 안에 내면화된 틀이 깨어질 수도 있다. 그러나 인생의 후반부를 즐기고 있는 노년에는 자기 안의 내면화를 더욱 강화하려는 노력으로 흰색의 순수함을 추구해야 한다.

요즘은 기업도 윤리적 행동 강령을 바탕으로 건전한 사회 구현을 위한 ESG(Environment - 친환경, Social - 사회, Governance - 지배구조)* 경영에 앞장서고 있다. ESG 경영은 단지 기업에만 적용되는 것이 아니라, 국가에도 적용되어 전 세계적인 관심사로 대두되고 있다.

최근 기후변화로 발생하는 엄청난 피해를 줄이고자 ESG 경영의 중요성이 주목받아 이미 유럽 일부 국가에서는 2000년 초부터 ESG 경영을 주요 투자와 윤리경영 지표로 활용하고 있으며, 정확한 수치로 나타내기는 곤란하겠지만 기업의 전반적인 운영에는 매우 중요한 부분으로 자리매김하고 있다.

특히 ESG 경영은 일부 기업이나 국가가 참여하여 해결될 수 없는 사항이기 때문에 국제적인 기구가 설립되어 강력하게 추진되고 있다. 따라서 개인 윤리 규범의 철저한 준수는 기업과 국가, 나아가서는 전

---

* 기업경영에서 지속가능성을 달성하기 위한 3가지 핵심 요소로 기업의 책임을 일컫는 것으로 환경오염과 기후변화에 대한 책임, 노동 혹은 지역사회 협력과 인권 이슈에 대한 책임, 기업 윤리 및 투자에 대한 지배구조 책임을 의미한다.

세계를 밝고 건강하게 지키는 강력한 수단이라는 것을 인지하고 나부터 솔선수범하여 실천하는 양심을 간직해야 한다.

언제나 두려움과 걱정 없이 멋진 삶을 즐기기 위해서는 사회적 법이나 규범은 물론이고 사소한 규정이라도 스스로 준수해야 한다. 이와 같은 행동과 마음의 자세는 인생의 후반부 삶을 즐기고 평안을 유지하는 데 기본적 조건이며, 아름다운 내일을 향해 정진하기 위한 수단일 것이다.

그러나 사회적 합의에 따라 정해진 법이나 규범 등은 상식에서 크게 벗어나지 않는 범주 내에 존재하기 마련이므로 자신의 양심을 버리지 않는다면 존경받으며 자신만의 멋진 삶을 즐길 수 있을 것이다.

chapter 19

베풂은 행복으로 전이된다

베풂은 행복으로 전이된다

최근 의학계에 의해서 다이돌핀(Didorphin)이라는 호르몬이 발견되었는데, 암을 치료하고 통증을 해소하는 것으로 알려진 엔돌핀(Enthorpin) 효능보다 무려 4,000배에 이른다고 발표되었다. 다이돌핀의 호르몬은 일반적으로 자신이 정한 목표에 도달했을 때, 자연의 경이로움에 감동하였을 때, 새로운 지식으로 깨달음을 얻었을 때, 노래와 춤을 통한 감성지수 상승으로 감동할 때, 아름다운 선율이 가슴 깊이 느껴질 때, 어려움에 빠져 있는 데 누군가가 도움의 손길을 건네줄 때, 환상적인 사랑에 빠졌을 때와 같은 상황에서 생성된다고 알려져 있다.

이처럼 인간의 육체는 우리가 상상하는 이상의 신비로운 조직의 구성체로 다른 동물이 느끼지 못하고 표현하지 못하는 것을 가지고 있다. 인간은 희로애락의 감정을 표현하는 방법과 느낌이 신비로운 호르몬의 자극과 생성물질이 뇌에 전달되어 행과 불행의 감정으로 나타난다. 자신을 낮추고 겸손한 가운데 상대에게 선을 베풀었을 때 상대가 행복했다면 자신도 행복해진다는 평범한 원리가 바로 이와 같은 신비의 호르몬 분비의 원인에서 비롯된다. 이처럼 우리는 인간관계의 구성원으로서 평상시에 누구나 상황에 따른 특별한 감정을 경험했을 것이다.

플라톤(Plato)의 제자이자 인류의 철학적 · 과학적 사고에 지대한 영향을 미친 그리스의 철학자 아리스토텔레스(Aristoteles)는 "가장 위대한 미덕은 다른 사람들에게 가장 유용한 것이다."라고 했으며, "행복이 개인적인 목표로만 이루어지는 것이 아니라 사회적 관계와 공공의 이익에도 이바지하는 것으로 이루어져야 한다."라고 주장하였듯이 남에게 준 행복은 나에게도 행복으로 전이된다는 의미일 것이다.

따라서 타인에게 선행을 베풀었을 때 최선을 다하고자 노력하기 때문에 건강과 행복의 선물을 돌려받는 것이다. 특히 인생의 후반부에 접어든 노년기에는 오로지 자신의 안위만을 위한 삶보다 인연을 맺고 살아가는 주변 사람들과 함께 공공의 이익을 위한 삶이 훨씬 더 값진 행복감을 맛볼 수 있다. 주변 사람들에게 대가를 바라지 않고 순수한 선행을 실천할 때 행복한 감정의 호르몬이 분비되어 정신 건강에 적잖은 도움이 된다는 것은 이미 알려진 사실이다.

연말이면 주위의 어려운 이웃을 위해 연탄을 배달하거나 김장배추를 나누어주는 행사에 참여하는 사람들은 표정이 남다르다는 것을 느낄 수 있다. 이는 비록 자신의 소중한 시간과 에너지를 포기하고도 행복한 감정이 겉으로 표출되는 것이다. 그러나 이와 같은 선행은 타의가 아닌 자신의 마음속에서 스스로 우러나오는 의지로 이루어져야 진정한 의미의 선행일 것이다.

베푼다는 것은 절대로 특별한 사람만이 행할 수 있는 게 아니라 평범한 사람이 일상의 삶 속에서 자연스럽게 이루어지는 행위이다. 베풂의 의미에는 남을 불편하게 하지 않고 편안하게 해주려는 행위도 포함된다. 물론 물질적 베풂도 있겠지만, 정신적 위로와 관심의 베풂도 중요하다.

청년기에는 부득이 하게 사회적 시스템의 관계에서 선의의 경쟁 가운데 감정의 여유나 감성의 유연성이 부족하였기 때문에 베풂의 의미를 진지하게 생각할 기회가 없었을 것이다. 모름지기 선행의 실천은 반드시 경제력에 비례하지 않는다. 오히려 경제적으로 풍족하지 않은 상황일지라도 과거에 정신적 아픔과 상처를 경험했던 사람들이 선행을 실천하고 아낌없이 베푸는 것을 주변에서 어렵지 않게 목격할 수 있다.

그러나 경제적 능력과 관계없이 노년기의 베풂은 매슬로(Maslow)* 의 인간 욕구 이론(Hierarchy of Needs) 중 최상위의 개념으로 알려진 자아실현 단계로 자신의 행복추구권을 위한 수단임이 틀림없다. 즉, 베풂으로서 자신이 행복해지는 일련의 과정은 자기의 완성이자 삶의 보람이다.

우리가 살아가면서 다른 사람들과 만나고 사회적 관계를 맺는 것은 필연적인 것으로 구성원의 상호 간 관계 속에서 개인적인 삶이 이루어진다. 그런데 이러한 관계에서 가장 중요한 것은 상대를 이해하는 것이다. 상대방을 이해하기 위해서는 상대의 처지에서 생각해 보는 것이 필요하다.

"입장 바꾸어 남의 처지에서 생각해 본다."라는 의미의 역지사지(易地思之)나, "다른 사람의 고통을 자신의 고통처럼 여긴다."라는 기기기익(己飢己溺)의 고사성어가 주는 교훈처럼 언제나 상대방의 처지를 생각하며 처신하는 습관이 매우 중요하다. 베풂의 첫걸음은 바로 남의 처지에서 생각하고, 이해하는 가운데 상대를 돕는 용기 있는 행위이다. 그러나 언제나 상대의 처지에서 생각한다는 것은 말처럼 쉬운 것은 아니기 때문에 고도의 숙성되고 절제된 마음의 수양이 요구되는 행위다.

만약 상대방의 입장을 고려하여 언행이 이루어진다면 그야말로 이상적인 사회가 형성되어 언쟁이나 싸움, 그리고 민족 간 전쟁도 사라질 것이다. 그러나 사회적 구성원들 간의 언쟁이나 다툼 등이 현실적으로 존재하는 세상에서 살아가고 있으므로 상대를 존중하는 이상적인 삶을 위해 부단히 노력하는 노력이 그 어느 때보다 절실히 요구된다.

---

* 미국의 심리학자이자 철학자로서 심리치료의 주된 목표가 자아의 통합이어야 한다고 주장한 자기실현 이론으로 가장 잘 알려져 있다.

양보는 손해가 아니다

가족 친지는 물론이고 사회적 관계를 맺고 있는 구성원과 더불어 살아가는 가운데 내가 먼저 양보하는 것은 절대로 손해가 아니라, 오히려 이익으로 되돌아온다는 평범한 진리를 기억하자. 여기에서 이익이라는 의미는 물질적 이익뿐만 아니고 자신에게 긍정적 에너지와 함께 정신적 행복감으로 반환되는 것을 포함하고 있다.

필자도 서비스 업종에 종사하면서 비록 감정노동으로 인해 정신적 스트레스는 받았을지라도 항상 양보하는 습관을 통해 얻은 행복감은 감정노동으로부터 받았던 스트레스를 상쇄하고도 행복할 수 있었다. 양보는 당장은 손해인 것처럼 보일지라도 자신의 정신적 건강으로 인해 행복해질 수 있으므로 결과적으로 이익으로 보상받는다.

직장에서도 남들이 귀찮아하는 업무를 내가 먼저 떠안았을 때 당장은 나의 소중한 시간과 에너지가 투입되어 손해를 보는 것처럼 생각될 것이다. 그러나 그 업무를 자발적으로 지원하여 추진하면서 얻는 소중한 경험은 나의 자산으로 남게 될 것이며, 그 결과가 성공적으로 마무리되었을 때는 값진 보람일 것이다.

아마 독자 여러분도 양보를 통해 스스로 행복했던 경험이 있을 것이다. 그러나 인간관계의 구성원으로서 조건 없이 양보하기란 결코 쉬운 일이 아니다. 양보는 선한 마음과 겸손이 전제되어야 가능하다. 양보는 결국 상대를 존중하는 마음으로 시작되기 때문에 건강한 관계 유지와 함께 나를 행복하게 해줄 수 있는 중요한 요소이다. 아주 사소한 것부터 양보의 개념을 적용하면서 스스로 행복해지는 방법을 터득해야 한다.

양보가 자신을 행복하게 한다는 경험을 해본 사람은 그 행위가 습관화되어 행복의 사슬로 이어진다는 것을 몸소 느낄 것이다. 주변에서도 가진 것만큼의 풍족한 삶을 포기하고 평범한 삶을 이어가면서 어려운 형편으로 고통 받는 이웃들을 먼저 헤아리며 살아가는 아름다운 모습들을 볼 수 있다. 그러나 특별한 계기가 없는 한 양보하는 행위를 스스로 실천하기란 여간 어려운 일이 아닐 수 없다. 내가 먼저 양보한다는 것은 우선 내가 해야 할 일들이 늘어난다는 의미이기 때문에 순수하고 선한 마음이 전제되지 않는다면 진정한 양보의 실천이 아닐 것이다.

양보하는 개념은 절대로 거창한 것을 의미하지 않는다. 예를 들면 단체 생활을 하면서 식사를 위한 줄서기, 공동 세탁기나 실내 헬스클럽의 기구 사용을 위한 줄서기 등과 같이 상대에게 순서를 양보하는 행위나, 직장에서 업무의 경중을 따지지 않고 상대보다 복잡하고 어려운 것을 내가 먼저 떠맡는 것과 같이 양보의 영역은 다양하다. 또한 직장에서 국경일이나 휴일의 야간 당직은 누구나 회피하고 싶다. 그러나 부득이 개인 사정이 있는 동료를 위해 기꺼이 당직을 바꿔주는 경우도 용기 있는 양보일 것이다.

필자가 대학에서 국제교류 업무를 총괄하고 있을 때 명절 연휴에는 유학생들이 기숙사에서 쓸쓸하게 시간을 보낼 수밖에 없었기 때문에 명절 연휴 때마다 유학생 담당 교직원 대신 자진하여 유학생들과 함께 시간을 보내곤 했는데, 비록 당시 나를 위한 시간을 유학생과 관계자들에게 양보했을지라도 무척이나 행복했다. 그 결과 대부분 유학생도 행복해 하며 마음을 열고 대화할 수 있는 계기가 되어 다양한 국적의 유학생 관리에 많은 도움이 되었다.

베풂은 사랑이다

인간은 사랑이라는 개념을 떠나서는 존재의 가치가 희석되고 무미건조한 삶이 될 것이다. 마음의 바탕에 사랑이 있으므로 받는 것보다 주는 것을 먼저 생각하는 마음이 싹틀 것이다. 혹자는 가진 것이 없어서 베풀지 못한다는 궤변을 늘어놓는 일도 있지만, 약자를 위해 기부하는 주체들을 꼼꼼히 살펴보면 그다지 많은 것을 가진 것이 없어도 자신보다 낮은 수준의 사람들을 위해 아낌없이 기부하는 모습을 주위에서 볼 수 있다. 아마 자신이 먼저 베푼다는 감정으로 사회적 관계를 유지한다면 지나친 싸움이나 언쟁이 발생하지 않고 오히려 지혜롭고 슬기롭게 문제가 해결될 것이다.

인간관계에서 언성이 높아지는 이유는 상대가 주장하는 수준보다 더 강한 수준의 주장을 되돌리는 과정에서 발생하기 때문이다. 상대가 주장하는 수준보다 낮은 겸손한 수준의 주장을 되돌려 준다면 높은 언성으로 비롯되는 마찰이나 갈등은 절대로 발생하지 않는다. 따라서 언제나 내가 먼저 낮은 자세로 다가가 상대에게 베푼다면 그 베풂은 사랑으로 되돌려져 상호 간 신뢰가 쌓여 훈훈한 관계가 유지될 것이다.

인간에게는 기본적인 욕구와 함께 양심이라는 것이 존재하기 때문에 상대를 먼저 생각하기 위해서는 절제된 욕구와 개인적 양심을 적당히 균형을 맞추는 능력의 학습이 필요하다. 흔히들 종교적 관계의 틀 속에서 서로가 베푸는 가운데 사랑을 실천하고자 하지만, 굳이 종교적 믿음을 임차하지 않을지라도 상호 간 처해 있는 상황을 이해하고 있다면, 먼저 베풀고자 시도하는 노력은 자연적으로 신뢰와 사랑이 선순환 되는 사회적 시스템이 마련될 것이다.

그러나 인간은 감정의 동물이기 때문에 이와 같은 양보와 베푸는 마음은 다양한 감정의 조합으로 때로는 선한 마음이 그대로 전달되지 않고 왜곡되어 복잡하고 미묘한 감정으로 반사되어, 선순환 관계를 억제하기도 하므로 끊임없는 노력과 낮춤의 자세가 필요하다.

역설적인 이야기 같지만 베풂의 근본은 자신을 낮추는 과정의 개념이다. 자신을 낮추지 않으면 결코 상대를 향해 진정으로 베풀지 못한다. 즉, 베풂은 항상 겸손으로부터 출발하기 때문이다. 만약 부부 사이에서도 자신을 낮춤과 동시에 베풀지 않으면 언제나 갈등과 불화의 불씨가 존재하기 마련이다. 베풂은 사랑을 싹트게 하는 특효약이며, 사랑은 곧 삶의 지혜이다. 따라서 베풀고자 하는 정신은 이 세상을 살아가면서 만병통치약으로 통할 수밖에 없다.

그러나 조건 없이 베푼다는 것은 그리 쉬운 일이 아니기 때문에 끊임없는 자기 수양이 뒤따라야 한다. 금슬이 좋다고 소문난 부부는 언제나 행복해 보이지만 삶의 순간순간을 해부해 보면 반드시 순수한 행복만이 존재하지 않을 것이다. 왜냐하면 행복의 기준은 비교하는 개인적 감정의 영역일 뿐이지 절대적인 수치로 존재하지 않는다. 즉, 행복의 기준치를 낮추는 마음가짐으로부터 행복의 개념은 존재한다.

삶의 수준을 언제나 비교 우위의 개념에서 추구한다면 평생 불행하다는 마음으로 살아갈 수밖에 없다. 아무리 경제적으로 풍부한 삶을 영위할지라도, 그 삶이 반드시 행복할 것이라는 가설은 절대로 존재하지 않는다. 비록 경제적으로 빈곤할지언정 삶을 비교하지 않고 나름대로 정신적 베풂의 행위를 실천하며 살아간다면 진정한 사랑 가운데 행복이 싹틀 수 있다.

chapter 20

수양을 통해 생각을 객관화 하자

마음의 수양을 통해 생각을 객관화 하자

인간은 태생적으로 부족한 존재이기 때문에 끊임없는 수양을 통해 그 부족함을 채우고 생각을 객관화하는 데 게을리 해서는 안된다. 특히 인생의 후반부를 즐기고 있는 노년에는 다양한 경험과 지혜가 축적되어 있을지라도 주관적일 수도 있다. 따라서 마음의 수양과 함께 자신의 극단적인 생각이나 편향된 주관적 사고를 보다 숙성되고 참된 삶의 객관적인 의미로 전환하는 겸손한 배움이 필요하다.

인생의 전반부에는 대부분 생업을 위해 많은 것을 포기하고 온통 경제적 관점의 생각으로 마음의 여유를 가질 틈이 없이 앞만 보고 달려왔다. 이와 같이 숨 가쁘게 달려온 탓에 마음을 수양할 수 있는 시간과 에너지는 상실되어 편협하고 주관적인 생각으로 더불어 살아갈 수밖에 없었다. 수양은 마음이 열리는 원동력이고, 열린 마음은 세상을 기쁘게 할 수 있는 에너지를 발산하는 기본자세이며, 삶의 지혜를 터득할 수 있는 수단이다.

여기서 수양이라는 단어는 특별히 정형화된 개념이나 거창한 과정이 요구되는 것도 아니다. 다만, 순수한 마음으로 긍정적이고 즉흥적이지 않은 행위와 여유가 스며있는 마음을 위해 스스로 숙성시키는 것에 불과하다. 바꿔 말하면, 상대를 편안하게 해줄 수 있는 언행과 성숙한 모습으로 모두가 공감하는 보편적 사고를 배양하는 것이다.

여기서 생각을 객관화 한다는 것은 문제해결을 위한 주관적 사고를 버리라는 의미가 아니라, 같은 현상이나 사안에 대해 일관성이 없거나 상황에 따라 자기 생각이 주관적으로 바뀌지 않아야 한다는 것이다. 우리의 마음에는 여닫이문이 존재하고 그 문 내부에는 크고 작은 마음이 있다. 사회적 구성원과 관계하다 보면 마음의 상처를 받을 수도 있고, 마음을 불편하게 할 수도 있다.

그러나 마음가짐이 정의롭게 숙성된다면 불안함과 두려움 없이 편안한 삶을 이어갈 수 있다. 그 마음의 주인이 바로 우리 자신이다. 우리는 마음의 문을 출입할 수 있는 열쇠를 소유하고 있다. 흔히 마음을 열어야 한다는 표현을 자주 듣는데, 마음을 안전하고 편안하게 여는 방법은 오로지 자신의 수양을 통해서 이루어진다. 또한 마음에는 다양한 길이 있는데, 명상과 수양으로 마음을 갈고닦아 올바른 방향을 찾아 전진해야 한다.

인간은 누가 초대하지 않았음에도 불구하고 이 세상에 태어나 정해진 삶을 마치고 누구의 허락을 받지 않고 어느 날 갑자기 저세상으로 훌쩍 떠나는 존재이다. 그러나 살아가는 동안에는 태생적으로 부족함을 채우기 위한 마음의 수양이 누구에게나 필요하다.

앞에서 밝힌 바와 같이 젊은 시절에는 짊어진 삶의 무게로 인해 다양한 놀이나 취미활동을 통해 경험을 쌓을 수 없었으며, 진정으로 마음을 수양할 기회가 많이 주어지지 못했다. 따라서 인생 후반부에는 앞만 보는 사회활동뿐만 아니라 옆도 바라보면서 삶의 범위를 확대하고 진정한 삶을 경험할 수 있는 사고의 전환이 필요하다.

노년에 다른 사람들과의 관계에서 얻을 수 있는 것은 한계가 있기 마련이나, 가장 쉽게 마음의 수양을 할 수 있는 수단은 바로 독서인 것 같다. 책은 다른 사람이 얻은 다양한 경험을 글로 표현한 것이므로 그들의 경험을 간접적으로 경험할 수 있으며, 견문을 넓힐 기회를 제공하기도 한다.

한 권의 책을 출간하기 위해서는 필자와 독자가 같은 주제의 공간에서 전달하고자 하는 생각이나 현상을 이해시키면서 객관화해야 하므로 많은 경험과 에너지가 필요하다. 그러므로 다양한 장르의 독서를 통해 마음을 순화시키고 다변화하여 깊이 있는 사고력을 키워 생각의 수준을 향상시켜야 한다.

독서는 마음의 양식이다

그동안 60대에 접어들 때까지 전공 서적과 수필 등 10권 이상의 책을 집필하면서 느낀 점은 아직 부족한 점이 너무 많다는 것을 몸소 체험하는 계기가 되었다. 집필 활동을 통해 내 생각과 경험을 글로 표현하는 과정이 얼마나 어려운 것인가를 스스로 깨닫게 하였다. 글을 쓰는 데에는 많은 에너지가 필요하다.

마음의 에너지가 고갈될 때는 심지어 한 페이지(쪽)의 글을 쓰는 데만 하루 종일 걸리기도 한다. 글 쓰는 활동은 마음을 표현하는 행위로 독자들에게 의미와 느낌 그리고 감정을 전달하는 매개체이기 때문에 심혈을 기울여 작성해야 하는 하나의 예술 분야이다. 독자들에게는 한 권의 책이 인생의 전환점이 되기도 하고, 삶의 방식을 바꾸는 계기가 되기 때문이다.

그러나 책을 집필하면서 부족함을 발견할 수 있는 계기가 되어, 그 부족함을 메우기 위해 낮은 자세로 부단히 공부하고 노력하는 습관으로 바뀌게 되었다. 따라서 집필은 자신의 마음을 풍성한 상태로 유지하게 하고, 사고의 수준을 향상시키는 데 많은 도움이 되어 행복한 마음으로 집필 활동을 하고 있다.

책을 편찬할 때마다 가깝게 지내는 지인들에게 직접 서명한 책을 기쁜 마음으로 증정하곤 했는데, 책의 내용에 관심을 두고 숙독한 사람은 서평을 비롯하여 소중한 의견이나 조언을 마다하지 않고 전달해 주었다. 그러나 대부분 사람은 책을 받으면 겉표지와 제목 정도만 확인하고 책꽂이에 던져 놓는 경우가 많아서 요즘에는 특별히 관심을 두지 않는 지인에게는 절대로 저술한 책을 증정하지 않고 있다.

독서는 주관적인 자기 생각을 타인과 교환하는 과정에서 어느 정도 객관화시켜 마음을 정화하고 정리할 기회를 제공한다. 또한 혼자 살아갈 수 없는 세상에서는 변화무쌍한 일들이 발생하기 때문에 사회적 현상이나 일들에 대해 여유를 찾기 위해 독서는 마음의 양식이다.

미국 시카고대학교 마사 누스바움(Martha C. Nussbaum)* 석좌교수가 "기술적으로 발전한 나라의 국민에게 비판적 사고, 자신에 대한 성찰, 다양성을 존중하는 능력이 없다면 그 나라에는 재앙이 닥칠 수 있다."라고 주장 하였듯이 다양한 독서 활동을 통해 자신을 돌아볼 수 있는 능력을 길러야 한다.

2024년도 늦가을은 노벨문학상을 수상한 자랑스러운 한강 작가의 이야기로 온 나라가 떠들썩할 정도로 이슈화되었다. 노벨문학상 수상 전까지만 해도 평범한 작가로 활동해 왔다. 그러나 수상 직후에는 전 세

---

* 세계적으로 영향력 있는 지식인이자 법철학자, 정치철학자, 윤리학자, 고전학자, 여성학자로서 포린폴리시(Foreign Policy)가 선정한 '세계 100대 지성'에 두 차례나 뽑힌 석학이다.

계 기자들의 주목을 받았고 그녀의 작품이 진열되어 있었던 서점마다 책이 품절되어 구매하는 데 많은 시간이 걸렸다.

한강의 작품은 간결하면서도 독자에게 전달하고자 하는 목표가 분명하다는 평을 받고 있다. 그의 작품은 숙독하지 않고 대충 수박 겉핥기 식으로 읽으면 작가의 의도를 정확하게 파악할 수 없고, 작품 속에 등장하는 인물이 내포하는 의미를 이해하는 데 다소 어려움이 있다. 많은 독자는 한강이 노벨상을 받기 전에 읽었던 감정과 수상 직후에 다시 한번 반복해서 읽었을 때 감정은 다르다고 평가했다.

이렇듯 책은 숙독하며 작가가 의도하는 의미를 정확하게 이해하는 가운데 마음의 양식으로 전환되어 자기 수양의 밑거름이 되기도 한다. 그런데 사람들의 독서량에 대해 문화체육관광부는 '2023 국민 독서 실태 조사'에서 우리나라 성인의 연간 종합독서량은 3.9권에 불과하다고 발표하였다. 우리나라 국민의 독서량이 OECD 회원국 중 최하위 수준에 머물고 있다는 통계는 그만큼 마음의 양식이 부족하다는 방증일 것이다.

또한 2023년도 문화체육부 통계에 의하면 우리나라 성인의 약 50%는 전혀 독서하지 않고, 심지어 노동시간이 비교적 긴 중국보다도 연간 독서량이 낮은 것으로 나타났다. 그러나 다행스럽게도 최근(2024년)에 우리나라 한강 작가의 노벨문학상 수상을 계기로 한강이 저술한 책을 비롯하여 다양한 장르의 서적들에 관심이 폭발적으로 증가하고 있으므로 매년 1인당 독서량이 늘어날 것으로 예상된다.

명상으로 마음을 비우자

명상(冥想, Meditation)은 분주한 일상을 탈피하여 마음을 추스르고 고요히 눈을 감고 차분하게 마음속으로 깊이 생각하는 것을 의미하다. 한자의 冥은 '어두울 명'으로 '어둡다'를 뜻하고, 想은 '생각할 상'으로 '생각하다', '그리워하다', '상상(想像)하다' 등의 의미를 내포하고 있다. 일반적으로 명상은 복잡하게 얽힌 삶 속의 번뇌를 잊고 잠시 일상을 떠나 마음을 다스리는 수단이기도 하다.

명상이라는 단어가 불교의 승려들을 연상시키기도 하지만, 불교뿐만 아니고 타 종교에서도 수행되고 있는 마음을 정화하는 훈련법이다. 이러한 이유로 현대 심리학자와 뇌과학자들은 종교인들이 신을 영접하는 체험의 수단으로 여기고 있다고 주장한다. 기독교에서는 명상을 조용히 생각한다는 의미로 생각을 잠재우며 숙고나 묵상기도를 뜻한다.

명상의 기원이나 사전적 의미의 고찰은 깊이 있는 연구가 필요하겠지만, 보통 명상은 마음을 비우며 잠시 참삶의 의미를 마음속으로 생각하는 행위로 일상생활에 찌든 마음을 정화하는 방법을 일컫는다. 심리학자들의 연구에 따르면 명상은 치료에 임하기 전에 맥박과 호흡을 조절하는 데 효과가 있으며, 편두통 · 고혈압 · 혈우병 등의 증상을 억제하는 데 효과가 있다고 한다.

기독교에서는 명상을 '묵상'이라 번역하는데, 성경에 기록된 내용을 마음속으로 음미하며 기도하는 자세를 의미한다. 기독교인들은 묵상을 성경 구절이나 기도문 구절을 단순하게 외우면서 머리를 비우고 그 내용을 음미하거나, 성경의 구절을 상상하고 분석하는 수단으로 이용한다.

일부 신학자들은 종교의 교리를 떠나서 불교의 명상법을 기독교식으로 접목하기도 하는데, 명상은 조용하면서 마음을 가라앉힌 상태에서 생각에 잠기는 의식이기 때문에 정신적 건강에도 도움이 된다. 명상을 위해 특별한 의식이나 종교적 해석을 뒤로하고, 단지 마음을 안정시키고 순화한다는 차원으로 잠시 일상을 떠나 묵상하면서 자신을 돌아보는 수단으로 생각하고 매일 실시 해보길 바란다.

명상을 심리학이나 종교적 관점을 떠나 자신의 마음을 수양할 수 있는 행위로 간주하고 자기만의 명상법을 개발하여 마음 건강을 유지한다면 정신이나 육체를 회복하고 일상생활을 풍요롭게 해주는 데 도움이 될 것이다.

chapter 21

아낌없이 버리자

아낌없이 버리자

인생 후반부는 전반부 과정에 쌓였던 무의식적 관념과 물질적 사고를 '나'를 위한 삶으로 전환해야 한다. 왜냐하면 생의 전반부는 대부분 '나' 중심이 아니고 가족이나 타인들의 삶을 지원하거나 보조하는 삶일 확률이 높으므로 과감하게 버릴 수 있는 용기가 필요하다. 즉, 오로지 자신만을 위한 삶으로 사고의 전환을 통해 나름대로 최대의 행복을 추구해야만 한다. 따라서 과거의 부정적 사고나 필요 이상의 물질적 욕구를 잊거나 버려야 현재의 행복을 누리면서 생의 후반부를 즐길 수 있을 것이다.

과거 보릿고개와 함께 가난한 시절 가족의 생계를 책임지면서 정신적, 물질적 여유를 가질 수 없었던 불행한 삶이 생의 후반부 노년까지 이어진다면, 궁핍한 삶으로 생을 마감할 수밖에 없을 것이다. 물론 국가가 사회적 보장 제도를 통해 기본적 행복 추구권을 보장해야 한다. 그러나 국가 재정이 넉넉하지 않은 상태에서는 기대하기 어렵기 때문에 노인 빈곤 문제가 사회적 이슈가 될 수 있다. 따라서 인생 후반부 풍요로운 삶을 위한 준비를 철저히 하되, 필요 이상의 것들을 축적하거나 늘리지 않고 정신적 행복을 추구하는 삶을 지향해야 한다.

이처럼 보다 윤택한 노후를 즐기기 위해 저출산과 인구의 고령화가 전 세계적인 현상임에도 불구하고 젊었을 때부터 노후를 준비하는 사회적 운동이 점점 확산되면서 다양한 금융상품이나 보험 등이 출시되고 있다. 우리나라의 경우 100세 수명의 삶을 대비하고 있지만, 아직 빈부의 차가 심한 상태에서 역동적인 노후 준비가 일반적 사회현상으로 보기에는 많은 어려움에 직면하고 있다.

아무튼 행복한 노후를 준비하고자 하는 사회적 현상은 교육 수준의 향상과 의학의 발달 그리고 위생 관념 등으로 인해 젊은이들을 중심으로 등장하였다. 그러나 초고령 사회의 진입으로 인한 보편적 복지의 하향 지원 그리고 경제력과 정치적 상황에 따라 인생 후반기 삶의 불균형 정도는 차이가 있으나, 복지 전문가들이 특별한 관심을 두고 노년의 행복한 삶을 위해 다양한 연구가 이루어지고 있다.

따라서 인생 전반기는 가족이라는 특별한 공동체의 삶을 위해 노력하였다면, 인생 후반기에는 '나'를 중심으로 행복을 추구할 수 있는 환경으로 변화시켜 아름다운 삶을 이어가기 위해 노력해야 한다. 그러나 살아온 생활 방식의 관성으로 인해 갑작스러운 생활환경의 변경과 사고를 전환하는 것이 쉽지 않아 특별한 각오와 각고의 노력이 필요할 것이다.

결론적으로 노년에 특별한 취미활동과 개인적인 여가 활동을 하지 않고 하루하루 시간을 보내는 데 지루함을 느끼지 않기 위해서는 개인적으로 고독을 극복할 수 있는 정신적 힘과 나름대로 즐길 수 있는 준비가 전제되어야 한다. 인생의 후반부가 다가오기 전에 자신의 특기나 강점이 가미된 취미나 규칙적인 활동을 적극적으로 준비하여 행복한 삶을 추구하는 주인공이 되어야 한다.

고정관념을 버려라

미국의 시인이자 노벨문학상 수상자인 제임스 오펜하임(James Oppenheim)이 "어리석은 사람은 행복을 멀리서 찾고, 현명한 사람은 행복을 발밑에서 찾는다."라고 주장했듯이 행복은 남이 아닌 바로 나에 달려 있으며, 자신이 만들어 가는 것이지 하루아침에 찾아오는 것이 절대로 아니다.

인생의 전반기를 살아오면서 잠재적으로 굳어진 자신만의 고정관념이 있다면 과감하게 버리고, 끊임없이 변화하고 진화하는 사회적 현상에 알맞도록 융통성을 발휘하여 적응해 나아가야 한다. 그렇지 않고 자신의 고정관념 틀 속에서 벗어나지 못하고 모든 사회적 현상을 주관적으로 평가하는 태도로 옳고 그름을 판단하는 자신만의 기준은 행복한 삶의 걸림돌이 될 수밖에 없다.

일반적으로 고정관념이 강하게 내재 된 사람을 보수적이라고 표현하기도 하는데, 고정관념의 타파는 보수와 진보 성향과 관계없이 인생의 후반기에는 필요 이상의 것들을 유감없이 버리고 새로운 환경에서 유동적 사고와 보편적인 사회의 현상 인식으로 모나지 않은 삶을 영위하도록 해야 한다.

나는 어린 시절부터 엄격한 집안에서 성장해 오면서 고정관념이 무엇인지 정확하게 파악은 할 수 있는 식견은 없었으나, 성인이 되면서 고등교육의 수혜로 인해 고정관념이 얼마나 사회를 경직시키는지를 깨달을 수 있었다. 고정관념은 사회 환경의 변화에 따라 그 환경에 순응하지 못하고 오로지 자신만의 특유한 사고의 틀에 맞추려고 한다. 고정관념은 행동의 유연성과 폭을 좁혀 나날이 바뀌고 있는 사회적 환경에 적응하는 데 적지 않은 걸림돌이 되기도 한다.

아무리 과거의 제도나 자신이 경험한 경륜이 중요할지라도 시대가 변하고 세월이 흐름에 따라 풍습과 제도도 변해야 한다는 유연한 사고가 매우 중요하다. 특히 노년기에 확고부동한 사고와 절대로 변할 수 없다는 사고의 고집은 정신적 스트레스를 스스로 초대하고 있는 것과 다름이 없다.

특히 과거 선친들의 고정관념 사고는 급변하고 있는 사회적 구조의 생활 방식과 배치되는 경우가 있었기 때문에 가끔 세대 간 혹은 남녀 사이에 갈등을 유발하기도 한다. 만약 "육아와 요리는 여자의 일이다."라고 생각한다면 시대착오적 사고의 발상이다. 이와 같은 사고는 우리나라 어르신들의 고정관념으로 젊은 세대의 사고방식과 차이가 있다. 시대의 흐름에 따라 변화하지 않으면 사회구성원으로 활동하는 데 적지 않은 어려움을 겪을 수도 있다.

그러나 최근에는 남녀를 구분하지 않고 육아를 담당하고 노년일지라도 부엌에서 요리하는 남성들이 점점 늘어나고 있다. 이와 같은 현상은 저출산 고령화와 여성의 적극적인 사회활동으로 인해 남녀의 활동이 뚜렷하게 구분되지 않는 변화일 것이다. 고정관념 타파는 궁극적으로 나 자신을 위한 것이라는 개념을 정확하게 이해할 수 있는 원동력이며, 사회적 변화에 빠르게 적응할 수 있는 유연한 사고의 시작점이다.

사회적 관계를 정리하자

인생 100세 시대의 한 가운데 있는 사람들은 지금까지 상호 간 이익을 위해 마지못해 관계를 설정하고 살아가는 것을 과감하게 정리하고 언제나 '나' 중심의 이익을 위한 관계로 전환해야 한다. 지금까지 사회생활을 통해 맺어진 관계는 자신의 이익을 추구하기 위한 경우가 대부분일 것이므로 60대에 접어들면 이와 같은 사회적 관계를 정리하고 재설정할 필요가 있다. 만약 사회활동을 위해 외출할 때 특별히 요구되는 복장 규정(Dress Code)이 없다면 굳이 정장을 착용할 필요가 없을 것이다.

왜냐하면, 정장은 '타인' 중심의 개념이기 때문이다. 즉, '나' 중심의 복장은 남을 의식하지 않고 편안한 옷차림과 건강에 유익한 신발을 신고 외출하는 것이다. 물론 하루아침에 이와 같은 관계를 정리하기는 곤란하겠지만 사회적 관계의 개념을 재정립하여 남은 삶의 방향을 새롭게 설정하는 것이 바람직하다.

필자의 휴대전화기에는 연락처가 무려 2,000여 명이나 저장되어 있었으나, 은퇴 후에는 전혀 소통하지 않는 연락처가 대부분이었다. 따라서 아무 의미 없이 저장된 연락처가 70% 이상이라는 사실을 깨닫고 과감하게 정리를 한 적이 있다. 휴대전화기에는 연락처뿐만 아니라 각종 정보가 저장되어 있어 정작 필요한 정보를 찾을 때 오히려 방해가 될 때도 있지 않은가? 필수적으로 필요한 정보만 남겨놓고 과감하게 정리하자.

정리된 후 휴대전화기에 남아 있는 데이터베이스(Database)만으로도 사회적 관계를 유지하고 소통하는데 전혀 문제가 발생하지 않고 오히려 선택과 집중이라는 개념이 정립되었기 때문에 시간의 흐름에 따라 정기적으로 정리하면서 새로운 개념의 삶을 살아가기로 작정하였다.

또한 사회활동을 통해 직간접적으로 관여해 왔던 단체나 동호회 등도 은퇴 후에는 진정으로 필요한 곳에만 관여하도록 정리해야 한다. 만약, 은퇴 후에 사회활동을 해왔던 단체나 동호회 등에 필요 이상으로 관여한다면 때로는 간섭으로 받아들일 수 있어 조심스럽게 접근할 필요가 있다. 조언이나 제언과 같은 것이 때로는 추태로 간주할 수도 있으므로 과감하게 후배들이나 동료들에게 이양하고 퇴장하는 것이 바람직하다.

이와 같이 자신의 노력과 희생이 투입되었을지라도 미련 없이 정리하고 새로운 환경에서 나이에 어울리는 활동으로 방향을 전환해야 한다. 그렇다고 사회활동의 관계를 모두 정리하라는 의미는 아니다. 다만, 참여하되 후배들에게 주도권을 이양하고 구성원으로서 역할만을 위해 활동하라는 의미이다.

MBN TV의 최장수 프로그램으로 알려진 '나는 자연인이다'를 시청하면서 주인공들의 사연을 곰곰이 분석해보면 주인공들 대부분 특별한 이유로 인해 홀로 산중에서 살면서 진정한 행복을 누리고 있다는 이야기가 사실로 받아들여지기도 한다. 주인공 중에는 병마와 싸우면서 죽음의 문턱에서 삶을 포기한 사람, 경제적인 어려움으로 인해 가정과 사회생활을 포기한 사람, 정신적 스트레스로 인해 고통을 겪고 있는 사람 등 여러 가지 사연으로 인해 산중생활을 선택했지만, 결과는 이구동성으로 행복한 삶을 되찾았다는 것이다.

아마도 그들이 행복하다는 진실한 이유는 사회적 욕구나 경제적 욕구를 과감하게 버리고 자연과 함께 새로운 삶을 선택했기 때문일 것이다. 물론 정상적으로 사회적 구성원으로서 살아가는 사람의 관점에서는 도저히 이해하기 어려운 삶으로 여길지 몰라도 당사자의 관점에서 바라보면 이미 대부분을 포기하고 자연과 함께 살아가는 것이 나름대로 행복일 것이다.

실제로 이처럼 산중생활을 통해서 불치의 병이 정상화되고 정신적 스트레스가 치유되었다는 주치의의 소견은 특별한 감동을 주기도 한다. 따라서 이처럼 가진 것을 아낌없이 버리거나 욕구를 내려놓음으로써 잔잔한 행복을 추구하고 있는 사례를 눈여겨볼 필요가 있지 않을까?

지나친 욕심을 버리자

인간의 욕심은 끝이 없어서 때로는 행복을 희생시키는 결과를 초래하기도 한다. 지속되는 욕심으로 만족이라는 개념을 잊고, 감사는커녕 언제나 불만과 함께 살아가는 사람들이 얼마나 많은가? 인간으로 태어나 기본적인 욕구를 충족시키면 항상 즐겁고 감사하는 마음으로 더불어 살아가는 가운데 행복을 추구해야 할 것이다. 오늘날 우리는 역대 최고의 경제성장과 가장 좋은 환경에서 살아가고 있다는 것을 부인할 수 있는 사람은 없을 것이다.

그러나 사회의 구석구석을 살펴보면 스스로 불행을 자초하는 사람이 너무 많다는 사실이다. 그 이유는 한마디로 지나친 욕심으로부터 기인하는 현상이다. 만약 마음속의 지나친 욕심을 버리고 주어진 여건을 바탕으로 건강하게 열심히 그리고 감사하며 살아간다면 행복감은 자연적으로 동반되어 삶 자체가 즐거울 것이다.

마음속의 욕심을 버리는 만큼 행복으로 채워진다는 평범한 진리를 깨닫고 욕심으로부터 발생하는 끊임없는 유혹을 뿌리치면 그동안 누리지 못했던 행복이 저절로 찾아올 것이다. 최근 주식 열풍이 불어 주식으로 패가망신하는 사람이 점점 늘어나고 있다. 주식매매는 단기간에 시세차익으로 현금을 벌어보겠다는 순수한 마음으로 투자하는 활동이지만, 시간이 지남에 따라 지나친 욕심으로 인해 투자하는 규모가 커지면서 전 재산을 탕진하는 사람들이 많아 사회적으로 문제를 일으키기도 한다.

욕심을 조금만 버리거나 양보함으로써 얻는 기쁨의 결과는 배가 되고, 받는 기쁨보다 주는 기쁨이 훨씬 크다는 사실을 상기시키며 살아간다면 행복한 노후의 삶의 본보기가 되지 않을까? 지금까지 모은 자산을 지키면서 범사에 감사하며 욕심을 버리고 건강하게 살아간다면 그 자체가 행복일 것이다.

불필요한 물건에 미련을 버리자

불교계의 거장 법정 스님과 성철 스님이 평소에 주장하였던 '무소유'는 아무것도 가지지 않는 것이 아니라 불필요한 것을 소유하지 않는 것을 의미한다. 인간의 끝없는 욕구로 인해 과다한 소유와 필요 없는 것에 집착하면서 내 것으로 만들기 위한 욕심은 욕망으로 이어져 고뇌의 원인이 되기도 한다.

결국 과다한 욕구는 마음이 흐트러지기 쉽고 판단력이 흐려져 이기적인 삶의 주인공이 되고 말 것이다. 특히 법정 스님은 '무소유'를 실천하여 '소유욕에서 벗어난 나', '객관적인 나'로 태어나야 함을 강조하였다. 따라서 노년기에는 자신에게 불필요한 것에 대한 소유욕에서 벗어나고, 이미 소유한 불필요한 것들을 미련 없이 버려 마음의 무게를 줄여야 한다.

소득과 문화 수준이 향상되고 마케팅 기법과 소통 수단의 발달로 인해 기본적인 의식주를 위한 도구를 비롯하여 편리하고 패션 감을 부가한 각종 도구나 의상이 출시되면서 개인 거주 공간에는 필요 이상의 물건들이 쌓이기 시작하였다. 과거 경제 수준이 낮아 어려운 시절을 보낸 기성세대들은 무엇이든 버리지 못하기 때문에 시대에 뒤떨어진 물건이나 유행이 지난 물건이나 옷가지를 무작정 보관하는 경우를 볼 수 있다.

아마도 독자 여러분 집안의 옷장 안에도 유행이 지났거나 치수(Size)가 맞지 않아 착용하지 않는 옷들이 가득 차 있을 것이다. 또한 사용하지 않는 각종 중고 가재도구나 주방 도구들이 창고에 가득 쌓여 있는 경우도 있다. 심지어 가전제품의 사양이 변경되어 호환성이 없는 것들을 보관하기도 한다. 이와 같은 물건들을 미련 없이 버리거나 재활용 센터에 기부하고 주변을 정리하는 것이 바로 마음의 무게를 줄이는 행위일 것이다.

이탈리아의 경제학자 파레토(Vilfredo F. Pareto)가 주장한 80:20 법칙에 의하면 옷장에 아무리 많은 옷이 진열되어 있을지라도 자주 입는 옷은 20%에 불과하고 나머지 80%는 거의 입지 않는 옷으로 단지 보관하고 있을 뿐이다. 또한 부엌에 다양한 주방용품들이 진열되어 있으나 거의 80%는 사용하지 않기 때문에 정기적으로 과감하게 정리하는 습관을 지녀야 한다. 필요 이상으로 보이기 위한 진열은 아무런 의미가 없다.

유행이 지난 오래된 물건이나 불필요한 것들은 과감하게 버리고 신선한 삶으로 자기 행복을 누려보자. 요즘 필자는 버리는 행위를 통해 행복감을 느끼며 살아가고 있다. 일상의 삶 속에서 필요 이상의 것을 버린다는 것은 그다지 쉬운 행위는 아닐 것이다. 필요 이상의 것을 버리는 행위는 줄인다는 의미이다. 말을 줄이면 비난을 적게 받고, 분별을 줄이면 마음의 피로가 적어지듯이 삶의 무게를 줄일 수 있다. 따라서 버리는 것을 지혜롭게 실천하는 사람은 마음의 평화를 스스로 불러오는 행위이다.

필자도 학자로서 연구 활동을 해왔기 때문에 다양한 도서들이나 연구 자료들이 서재를 장식하고 있다. 그러나 최근에 불필요한 서적이나 연구 자료들을 골라서 재활용으로 버리고 집필하는 데 필요한 서적이나 자료들만 남겨놓았다. 이처럼 나이가 들어갈수록 불필요한 것들을 버리는 것과 같이 가능하면 마음을 비움으로써 삶의 무게를 줄일 수 있다.

그렇다고 다 버리고 초라한 모습으로 살아가라는 의미는 아니다. 최신 유행하는 패션의 물건들을 구매하여 착용하거나 사용함으로써 멋진 여생을 즐기는 데 주저하지 않아야 아름다운 삶을 추구하는 노인으로 대접받으며 행복감을 느낄 것이다. 버리는 만큼 채워지는 것이 세상의 이치라는 어느 스님의 말처럼 물질을 버렸을 때 건강한 정신이 채워진다면 더없이 평화로운 존재가 될 수 있지 않겠는가?

나 중심의 소통으로 분명한 의사표시

일반적으로 성격이 모가 나지 않은 사람들이 상대방의 제안이나 요구에 거절하거나 반대해야 하는 상황임에도 자신의 의견을 직접적으로 제시하지 못하고 애매모호하게 의사를 전달하는 과정에서 문제를 발생시키기도 한다. 즉, 직접적으로 거절하면 상대방이 곤란해 하거나 체면을 구길 수 있다는 생각으로 망설이면서 자신의 의견을 분명하게 전달하지 못하면 오히려 후일에 상대방으로부터 의도하지 않았던 오해와 함께 문제를 유발할 수도 있다는 것을 염두에 두어야 한다.

상대방의 제안에 칼로 두부 자르듯 야박하게 표현하는 것도 곤란하겠지만 분명한 것은 상대가 아닌 '나' 중심의 의견을 지혜롭고 분명하게 전달해야 한다. 인생은 견디는 삶이 아닌 즐기는 삶이어야 한다. 지금, 이 순간을 모면하기 위해 벼랑 끝에 있는 듯한 시간을 보내는 것은 진정한 삶이 아닐 것이다.

흔히 충청도 사람들은 마음속에 품고 있는 자기 의사를 분명하게 표현하지 않고 간접적으로 애매모호하게 표현하는 경우가 많다고 한다. 필자도 충청도가 고향이기 때문에 예외가 아니다. 성격 탓이기도 하겠지만 상대의 제안이나 부탁이 분명히 거절해야 하는 상황일지라도 직접적으로 거절하지 못하고 모호한 표현으로 상대가 오해할 수 있도록 문제를 일으키기도 한다. 만약, 친구나 동료가 산행이나 여행을 제안했을 때 여건이 되면 참여하겠다든지 혹은 검토해 보겠다는 분명하지 않은 모호한 표현으로 상대에게 혼선을 주면 안된다.

특히 나이가 들면 동료들과 관계를 형성하는 데 있어서 자기 의사를 분명하게 표현하는 것은 우의를 돈독하게 할 뿐만 아니라 불필요한 오해를 제거할 수 있다. 따라서 요즘에는 상대의 부탁에 가능하면 나의 의사를 분명하게 표현하여 더 이상 고민하지 않기 위해 노력하고 있다.

집착하지 말자

'집착'이라는 단어의 숨은 의미를 살펴보면 때로는 무시무시한 상황을 잉태시키는 뜻을 내포하고 있다. 가령, 소유욕에서 비롯되는 집착이나 사랑을 독차지하기 위한 집착은 범죄의 원인이 되기도 하고 마음에 상처를 남기기도 한다. '집착'의 개념도 소유를 위한 지나친 욕구에서 비롯되기 때문에 원천적으로 지나친 소유의 욕심을 과감하게 버리지 않으면 늘 가슴 속에 잠재적 집착이 존재하기 마련이다.

실제로 주변에 지나친 집착으로 인해 끔찍한 사건들이 발생하여 사회적 문제로 이슈화되고 있지 않은가? 그리고 지나친 집착은 시야를 흐리게 하고, 사고의 폭을 제한하기도 하여 비정상적인 감정표현으로 상대를 고통스럽게 할 수도 있다. 결론적으로 집착의 늪에서 빠져나오는 방법은 불필요한 것들의 소유를 위한 지나친 욕구와 편협된 욕심을 버리는 것이다.

특정한 물건을 소유하기 위해 집착에 빠지면 경제의 균형을 잃을 수 있고, 타락의 늪으로 빠질 수도 있다. 사회적으로 돋보이려고 경제 능력으로 감당하기 곤란한 고가의 물건을 소유하기 위한 집착은 경제적 불균형의 원인이 되기도 하고, 불법적인 물질의 소유 활동은 범법 행위자로 낙인찍힐 수도 있다. 연인과의 사랑 관계에서도 '집착'으로 인해 사랑의 본질적 개념이 무시되고 고뇌의 원인이 되어 결국에는 사회적으로 문제를 일으키기도 한다.

사랑에 빠져 집착하게 되면 판단력이 흐려지고 마음이 흐트러져 상대의 마음을 헤아리지 못하고, 오로지 사랑만을 소유하기 위한 욕구로 인해 참사랑이 이루어질 수 없음에도 일방적 행위로 귀결되는 상황을 만들기도 한다. 그러나 진정한 사랑은 주고받음의 원리가 적용되기 때문에 상대를 먼저 생각하는 아름다운 배려와 자신의 지나친 욕심을 버리는 것이다.

chapter 22

아름다운 죽음을 준비하자

아름다운 죽음을 준비하자

어느 날 지인과 함께 스님을 만나 삶에 관한 이야기를 주고받는 가운데 "지금 우리는 아름다운 죽음을 준비하는 단계로 사회적으로 맺었던 인연의 관계를 정리하면서 삶의 무게를 줄여야 한다."라는 현실적이면서 이상적인 말씀을 듣고 적지 않은 충격을 받은 적이 있다. 당시 스님의 나이가 60대 초반임에도 불구하고 이와 같은 말씀을 스스럼없이 건네는 것은 중생으로서 고통과 번뇌로 점철된 과거를 모두 청산하고 삶의 무게를 최대한 가볍게 하며 죽음을 맞이하라는 의미일 것이다.

그렇다고 무턱대고 모든 사회적 관계를 정리하라는 의미가 아니고 삶의 의미를 부여할 수 있는 사회적 관계는 더욱더 강화하되, 불필요한 에너지가 계속해서 투입되는 부정적 사회적 관계를 조금씩 절연하면서 인생 후반의 행복한 삶에 초점을 맞추라는 소중한 조언으로 받아들였다.

당시 스님과 나누었던 내용을 가슴속 깊이 새기고 돌아와 삶의 목적에 부합하지 않거나, 실타래처럼 복잡하게 얽힌 사회적 관계를 정리하기로 마음먹고 천천히 스님의 소중한 조언을 실행하기 위해 노력하고 있다.

까르페디엠(Carpe Diem)은 라틴어로 '현재에 충실하라.' 혹은 '지금, 이 순간에 충실하라.' '지금, 이 순간을 즐겨라.'라는 의미이다.

영어로는 '눈앞의 기회를 놓치지 말라.' 혹은 '현재를 즐겨라.'라는 뜻의 'Seize the day(현재를 잡아라.)'로 해석되기도 하는데, 호라티우스(Quintus Horatius Flaccus)*의 시 '오데즈(Odes)'에 나오는 구절에서 유래되었다고 한다. 우리의 인생이 거룩한 것은 죽음이 있기 때문이고, 또한 이와 같은 금언들은 바로 인간에게 주어진 라틴어 메멘토 모리(Memento Mori)**의 '자신의 죽음을 기억하라.', '너는 반드시 죽는다는 것을 기억하라.', '네가 죽을 것을 기억하라.'라는 진리를 상기시키고 있기 때문일 것이다.

마치 영생이라도 할 것처럼 오로지 욕구 충족을 위해 수단과 방법을 가리지 않고 살아가는 사람들에게 강조하고 싶은 구절이다. 동분서주하면서 바쁜 나날을 보내는 삶 속에서 언젠가는 죽는다는 평범한 진리를 잊은 듯 하루를 무의미하게 보내는 사람들은 없는지 돌아볼 일이다.

인간의 부단한 노력으로 인한 의학의 발달은 인간을 생물학적으로 수명을 조금 연장하였을 뿐인데도, 무의미하게 생명을 연장하기 위해 병원을 찾아 온갖 처방을 받으며 안간힘을 다하는 모습을 지켜보면서 안타까운 마음이 들 때도 있다.

심지어는 외부의 산소공급으로 단지 심장만 뛰고 있을 뿐 사실상 뇌사 상태임에도 불구하고 생명의 존엄성을 핑계로 생명을 유지하고 있는 예도 있지 않은가? 이와 같은 행위가 과연 '아름다운 죽음'의 과정이라 할 수 있을까?

여기에서 '아름다운 죽음'이라는 것은 생명체 자체가 아니라 뇌의

---

* 로마의 대표적인 서정 및 풍자 시인이고, 유럽 문학사에서 지대한 영향을 미친 '시학(Ars poetica)'의 집필자이기도 하다.

** 전쟁에서 승리했다고 너무 우쭐대지 말라. 오늘은 개선장군이지만 너도 언젠가는 죽는다. 그러므로 겸손하게 행동하라는 의미에서 파생된 풍습으로 전해지고 있다.

기능으로 사고가 가능한 상태에서 맞이하는 죽음을 의미한다.

결론적으로 인간은 죽음이라는 자체를 자연스럽게 받아들이면서 육신의 세상을 떠나는 오묘한 존재이다. 필자는 일찌감치 어떤 이유가 되었든 자가 호흡할 수 없으면 절대로 인위적 처방을 위한 산소 호흡기를 사용하지 않겠다는 서약서를 공공 기관에 제출하였다. 나름대로 아름다운 죽음을 맞이하기 위한 최소한의 수단이다.

건강할 때 죽음을 준비하는 지혜

요즘 인간의 존엄에 대한 개념이 확대되면서 생명의 정의에 많은 관심을 보이는 가운데 '아름다운 죽음'에 대해서도 전문가들 간 토론이 활발하게 이루어지고 있다. 그 토론은 인간의 생명이 유한하다는 전제하에서 누구에게나 예외 없이 적용되는 죽음에 대해 특별한 두려움 없이 받아들이는 방법에 관한 이야기일 것이다. 즉, 사후에 남아 있는 가족이나 관계자들에게 부담을 주지 않고 홀연히 떠나는 지혜가 필요하다는 것이다.

죽음을 맞이하기 위해서는 육체적 · 정신적으로 건강할 때 법적인 문제와 상속에 관한 사항을 합리적으로 말끔하게 손수 처리해 놓은 상태에서 죽음을 맞이하는 것이 바로 '아름다운 죽음'이라고 할 수 있을 것이다. 또한 필요 이상의 물질적 소유나 정신적 욕망을 스스로 내려놓는다면 홀가분한 상태로 필연적으로 맞이해야만 하는 죽음을 정신적 고통 없이 받아들일 수 있을 것이다.

주변에서 죽음을 맞이하는 자가 사전에 죽음을 준비하지 못한 까닭으로 육체적 고통보다 정신적 고통으로 몸부림치며 눈을 감는 경우도 있다. 또한 남아 있는 가족에게 적지 않은 부담을 남기고 떠나는 경우를 지켜보면서 사전 준비가 얼마나 중요한 것인지를 깨닫게 한다. 만약 아무 준비 없이 평범한 일상의 삶을 영위한다면 죽음이라는 생의 마지막 단계에서 삶의 의미를 남기지 못하고 허무한 상태로 고귀한 생을 마감할 것이다.

어느 날 별안간 죽음이라는 것을 맞이한다면 편안한 생의 마감이라 할 수 없으며, 남아 있는 유족에게도 불행을 안겨줄 뿐이다. 그러나 건강할 때 죽음과 관련된 모든 사항을 철저하게 준비한 사람은 편안하게 가족의 축복을 받으며 아름답게 세상을 떠날 수 있으며, 사후에도 남아 있는 가족이나 관계자들의 특별한 갈등이나 오해를 불러일으키지 않고 '아름다운 죽음'으로 기억될 것이다.

과거에 집착하지 말자

노인들이 죽음의 끝자락에서 고통스러운 이유는 육체적 통증으로 인한 때도 있겠으나, 그보다 더 중요한 것은 과거에 겪었던 기쁨과 슬픔 그리고 명예와 명성 등으로 조합된 혼란스러운 가상의 세계를 상상하면서 스스로 집착하기 때문일 것이다.

특히, 자신이 누렸던 명예와 명성이 죽음과 함께 사라지는 것을 한탄스러운 마음으로 아쉬워할 경우는 더할 나위 없이 정신적 고통과 번뇌가 배가될 것이다.

독일의 철학자 쇼펜하우어(Arthur Schopenhauer)가 '인생론'의 저서에서 "만고에 불변한 큰 명성은 마치 조그마한 씨앗에서 자라난 참나무와 같고, 일시적인 명성은 성장 속도가 빠른 일년초와 같으며, 그릇된 명성은 쉽게 싹트고 뽑히는 잡초와 같다."라고 하였듯이 명성은 불변하고, 명예는 일시적이라는 점을 깨달아야 한다. 마치 자신의 명예와 명성이 영원할 것으로 착각하고 그에 집착하는 어리석은 사고는 일찌감치 버려야 한다.

과거에 누렸던 명예는 상황이나 처지가 허락된다면 누구나 얻을 수 있으므로 보편적으로 존재하는 것이지만, 명성은 개인의 특수한 성격에서 비롯되어 특별한 공적이 뛰어난 사람에게만 주어지기 때문에 그 '행위'는 소멸하여도 특기로 인해 얻었던 명성은 변하지 않는다. 죽음을 맞이하는 단계에서 과거의 보잘 것 없는 명예 따위에 집착하며 스스로 고통을 자초하는 경우가 없어야 한다.

다시 말하면, 과거에 주어졌던 명예나 명성에 집착하면 할수록 현재의 행복을 갉아먹을 뿐이며 아름다운 미래의 희망과 꿈도 희미해진다는 것을 명심해야 한다. 과거는 과거일 뿐 현재 주어진 삶에 감사하며 즐거운 마음으로 하루하루를 장식함으로써 행복의 문이 열린다는 지극히 상식적인 원리를 항상 기억해야 한다.

삶과 죽음은 본질적으로 같다

대부분 사람은 죽음의 물적 증거인 시신을 두려워하여 가까이하기를 꺼린다. 그러나 어느 장례지도자는 “시신보다 살아 있는 사람이 훨씬 무섭다.”라고 하였다. 장례지도사의 임무는 죽음으로 이 세상을 마지막으로 떠나는 이의 가족을 대신하여 편안하게 떠날 수 있도록 안녕을 빌어주며 장례 의식 절차에 따라 진행을 담당하는 고귀한 업무이다.

인간이 태어나서 일정한 기간의 삶을 통해 발자취를 남기고 저세상으로 떠난다는 것을 모르는 사람은 없으나, 막상 떠나는 순간에는 삶에 대한 간절함으로 몸부림치는 때도 있다. 역설적이지만 삶과 죽음은 본질적으로 같은 개념일 수밖에 없다. 왜냐하면, 모든 동식물은 길고 짧음의 차이만 있을 뿐 한 줌의 흙으로 돌아가기 때문이다.

종교적 신념으로 인해 육체와 영혼이 분리된다는 믿음을 따르는 신앙인들은 죽음의 순간에 또 다른 세상의 삶을 위해 기쁜 마음으로 받아들이며 눈을 감는다. 그러나 앞에서 밝힌 바와 같이 신앙인이 아닐지라도 인간은 반드시 흙으로 돌아간다는 운명의 존재라는 것을 깨달았다면 굳이 삶에 대해 집착할 이유는 사라질 것이다.

죽음도 삶의 과정이라는 것이 역설적이면서도, 관점에 따라 다르겠으나 처음과 끝이라는 개념을 적용한다면 본질적으로 하나의 묶음이라는 것이다. 따라서 많은 사람이 한번밖에 주어지지 않는 인생을 행복한 삶으로 승화시키며 오늘을 즐기고 있지 않은가?

불변의 진리를 아름답게 받아들이자

이 순간에도 수많은 생명이 어머니로부터 분리되어 자가 호흡과 영양 섭취를 통해 이 세상의 삶을 시작하기도 하지만, 반대로 삶의 끝자락에서 죽음을 맞이하여 결국은 주검으로 변화하기도 하면서 아름다운 삶의 현상이 반복된다.

17세기 일본 에도 시대의 문인 마쓰오 바쇼오(Matsuo Bsyou)***가 주장한 바와 같이 "시간의 흐름에 따른 끊임없는 변화 속에서도 언제까지나 변하지 않는 것을 추구하는 자세로 우리의 삶 속에서 그 길이와 상관없이 지속적인 변화가 있을지라도 반드시 끝이 존재한다."는 사실을 가장 고귀한 원리로 받아들여야 한다. 그러나 삶의 과정을 자세히 살펴보면 개인적 차이는 있을지라도 이 고귀한 삶의 원리를 잠시 잊은 채, 마치 영생이라도 할 것처럼 삶을 영위하다가 죽음의 문턱에서 고통스럽게 죽음을 맞이하기도 한다.

인간의 삶을 굳이 종교적인 의미로 되새겨 본다면 불교에서는 환생의 개념으로 그리고 개신교에서는 천국과 지옥으로 구분하여 사후의 세계를 조명하고 있지만, 생명이 함께하는 삶이란 반드시 시작과 끝이 존재한다는 것은 누구도 부인하기 어렵지 않는가? 이와 같은 원리는 우주만물의 생명체 모두에 적용되는 불변의 법칙이기도 하다.

*** 서민문화가 꽃을 피웠던 17세기 일본 에도막부 시대 대표 시인으로서 아사히 신문은 지난 1천년간 일본 최고의 문인으로 선정하였다.

그러므로 생명체로 남아 있는 동안 무언가 의미를 부여할 수 있는 성숙 된 삶 속에서 주어진 환경에 적응하면서 한정된 삶을 멋지게 꾸미며 살다가, 때가 다가오면 미련 없이 이 세상을 떠나는 것이 바로 아름다운 죽음이다. 따라서 주어진 운명에 슬퍼하거나 원통해 하는 마음이 아닌 이 세상에 태어나 각종 희로애락이 반복되는 삶을 정리하며 마감하는 하나의 과정으로 인식하고 행복한 마음으로 떠나는 마음의 자세가 바로 멋지고 아름다운 죽음이다.

삶의 이치를 깨닫는 숙성된 나를 만들자

인간은 만물의 영장이라 하지만 진정한 삶의 깨달음에 도달하기엔 늘 부족함이 존재한다. 또한 사회적 관계를 유지하며 살아가야 하는 숙명으로 태어났기 때문에 삶의 과정에서 실수와 실패를 경험하고 성공과 행복을 맛보기도 한다. 그러나 그와 같은 다양한 경험을 통한 성공과 행복 그리고 실패와 불행 등은 오로지 자신이 정하고 있는 기준에 불과하다.

즉, 하나의 현상을 두고 어떤 이는 행복감을 느끼지만 다른 사람은 불행으로 느낄 수도 있기 때문이다. 따라서 우리는 이같이 상황에 따라 모호한 기준으로 느끼는 감정의 폭을 좁히면서 스스로 고귀하고 진실한 삶을 추구해야 한다.

연꽃을 사랑했던 중국 송나라의 유학자 주렴계(周濂溪)는 '애련설'에서 "연은 진흙에서 자라도 물들지 않고, 맑은 물결에 씻기어 오염되지도 않으며, 속은 텅 비어 통해 있고, 밖은 곧으며, 넝쿨도 가지도 없고, 향기는 멀리까지 풍겨 맑으며, 물 가운데 우뚝하게 조촐히 서 있으니 멀리서 바라볼 수는 있어도 가까이서 매만질 수는 없다."라고 극찬하였다.

또한 주렴계는 우주의 본원을 '무극이태극(無極而太極)'이라 하였다. 그것은 시작도 없고 끝도 없으며, 형체도 없고 색깔도 없다는 의미로 무극이지만, 그것이 단순한 텅 빔이 아니고 모든 세상 만물의 처음이자 모든 조화의 근본 원천이라는 의미에서는 태극이라는 것이다. 그러나 비록 인간이 연꽃처럼 살 수는 없을지라도 진정한 삶의 경지를 꿈꾸는 마음으로 살아봅시다.

chapter 23

원한과 증오는 나를 망친다

원한과 증오는 나를 망친다

다양한 삶의 조건과 환경 속에서 살아가기 위해서는 사람과 소통, 교류가 필연적으로 이루어질 수밖에 없다. 주위 사람들과 함께 해야 한다는 자체가 감정과 감성의 교감이 동반되기 때문에 이 과정에서 때로는 감정을 상하는 언행으로 인해 상대를 증오하거나 원한의 원인이 되기도 한다. 인간관계에서 증오와 원한은 매우 다양하게 나타날 수 있다. 가까이는 가족으로부터 직장 그리고 사회활동 과정에 이르기까지 경중의 차이만 존재할 뿐이지 지속적으로 발생하고 있는 현상이다.

경제력과 상관없으나 때에 따라서 상당한 부를 축적하고, 그 부를 누리는 사람들이 더 많은 증오와 원한이 존재하기도 한다. 형제자매 사이에서도 빈부의 차이가 있게 마련인데, 어느 한 형제나 자매가 엄청난 부를 쌓았을지라도 다른 형제자매들에게 베풀지 않으면 잠재적 증오가 쌓이는 세상이다. "사촌이 땅을 사면 배가 아프다."라는 속담이 이와 같은 현상을 잘 대변해 주지 않는가?

친구 사이일지라도 오해로 인해 오랫동안 냉랭한 상태를 유지하면서 서로가 헐뜯는 관계로 지내는 사람들을 주변에서 적지 않게 찾아볼 수 있다. 또한 이웃집 사람들과 따뜻한 정을 나누며 지내온 관계가 사소한 의견충돌로 인해 원수같이 외면하며 살아가는 사람들도 있다.

어떤 가정은 아버지의 유산상속 때문에 형제자매가 서로 원수처럼 살아가는 일도 있으며, 심지어는 법정 분쟁으로까지 이어져 씻을 수 없는 오점을 남기기도 한다. 직장에서도 상사나 동료와의 사소한 업무적 갈등으로 인해 서로가 증오하고, 추진하고 있는 업무에 찬물을 끼얹기도 하면서 불편한 관계가 타 업무에 영향을 미쳐 궁극적으로 서로가 손해를 입는 결과를 초래하기도 한다.

증오와 원한이 마음속에 자리를 잡으면 자신의 정신건강에 치명적이라는 것은 굳이 정신과 의사나 심리학자들의 의견을 빌리지 않을지라도 모두 인지하고 있다. 그런데 마음속에 쌓인 증오는 우울증으로 이어질 확률이 높고 만병의 근원이 되기도 한다.

공자가 "성난 자에게 독이 가득하다."라고 말했던 바와 같이 상대를 미워하는 마음을 가진 자는 몸속에 독이 가득하여 신체 기능의 부작용으로 질병을 유발할 수 있다는 것이 현대 의학계의 주장이다. 주변에 질병으로 고생하는 지인들을 유심히 관찰해보면 각종 형태의 스트레스로 말미암아 치명적인 질병으로 병원 신세를 짓고 있는 사람들이 많을 것이다. 이처럼 비정상적인 인간관계로 인해 원만하게 처리하지 못하고 적대관계가 지속된다면 분명히 정신건강을 해쳐 궁극적으로 자신을 망치는 결과를 초래하게 된다.

따라서 건강한 마음과 함께 행복을 추구하기 위해서는 스스로 증오하는 마음을 원천적으로 제거할 수 있는 마음의 수양이 전제되어야 한다. 이와 같은 마음의 수양은 결과적으로 자신의 윤택한 삶을 보장하기 위한 수단으로 반드시 습관화해야 한다. 물론 이와 같은 정신적 수양은 생각보다 쉬운 것은 아닐 것이다. 인간이기 때문에 소통하는 과정에서 증오의 마음이나 원한 관계가 형성되기도 하여 하얀 백지처럼 제거하는 것은 불가능하겠지만, 스스로 백색에 가까운 순한 마음으로 다가가기 위해 최선의 노력이 필요하다. 그렇지 않으면 자신의 건강에 치명적인 해를 끼칠 수 있기 때문이다.

미국의 제10대 동인도함대 사령관 매튜 페리(Matthew Calbraith

Perry) 제독은 목숨을 걸고 추위와 싸우며 개썰매를 이용하여 북극점에 도달하여 전 세계를 흥분의 도가니로 만들었던 탐험가임에도 불구하고 당시 워싱턴에 있던 페리 제독의 상관들은 페리가 인기를 독차지하기 위한 행동이라고 비아냥거렸으며, 그가 과학적 탐험을 위해 돈을 모아 북극에서 놀고 있다고 비난하며 북극 탐험계획을 저지하기도 하였다. 그러나 페리 제독은 주위의 모함에도 불구하고 그들을 탓하지 않고 묵묵히 자신의 계획을 완수하고 해군성에 귀대하여 본연의 업무를 훌륭하게 수행했던 바와 같이 즉흥적으로 분노를 참지 못하고 반응했더라면 과연 페리 제독은 탐험에 성공할 수 있었을까?

화를 다스리자

스리랑카 켈레니야 대학교(University of Kelaniya)의 불교철학과 교수 알루보물레 스마나사라(Alubomulle Sumanasara)는 "화는 애정과 똑같이 인간의 마음에 한순간 생기는 감정으로 우리 마음속에 화의 감정이 생김과 동시에 마음에서는 기쁨이 사라져버린다. 감정은 외부로부터 많은 영향을 받지만, 근본적인 원인은 개인에게 달려 있다."라고 강조하였다. 즉 인간의 마음에는 애정과 화의 감정이 존재하지만, 성격과 슬기롭고 지혜로운 감정을 다스리는 정도에 따라 화의 양이 조절된다는 의미이다.

그러나 인간의 삶 가운데 화를 다스리지 못한다면 늘 다툼의 씨앗을 품고 있는 것과 다름이 없으며, 경쟁사회의 낙오자가 될 수도 있다. 같은 상황임에도 불구하고 어떤 사람은 조용한 가운데 기분 나쁘지 않게 문제를 해결하지만, 반대로 분을 삭이지 못하고 호통을 치며 싸늘한 분위기를 조성하면서 문제를 더 악화시키는 일도 있지 않은가? 따라서 화는 인간관계에 전혀 도움이 안 되는 인간의 마음속 감정일 뿐이다.

화를 의미하는 파리어(波利語)*에 나오는 화(怒)의 의미를 몇 가지 소개하고자 한다.**

▌첫째, 원한

일단 화가 생기면 좀처럼 사라지지 않고 며칠, 또는 몇 개월, 평생 지속되는 화

▌둘째, 경시하는 성격

항상 자신을 높게 평가하고 타인의 좋은 점을 경시하는 성격으로 사람의 재능, 능력, 미모, 체력 등의 장점을 인정하고 싶지 않아서 어떤 구실을 붙여서 경시하는 화

▌셋째, 경쟁

타인과 조화를 이루어 사이좋게 살아갈 수가 없는 화

▌넷째, 질투

타인의 좋은 점을 인정하고 싶지 않은 기분이지만, 그 에너지가 자기 내면으로 향해서 어두워지는 화

---

* 석가의 말을 충실하게 전하는 고대 인도어를 일컫는다.

** 알루보물레의 "화를 다스리면 인생이 달라진다."의 책 재인용이다.

▌다섯째, 인색함
자신이 가지고 있는 것을 타인이 사용해서 기뻐하는 것을 싫어하는 것으로 나눔을 통해 모두가 즐거워지길 바라지 않는 성격의 화

▌여섯째, 반항
우리는 타인에게 배우고, 지도받으며 성장하고, 죽는 순간까지 그 행위가 계속되지만, 타인에게 해야 할 일들에 대해 들으면 거부반응이 생기는 화

▌일곱째, 후회
과거의 실패, 잘못을 떠올리고 괴로워하는 행위로 어두운 성격의 화

▌여덟째, 격노
아무 이유도 없음에도 강렬하게 반응하는 화

화는 인간의 이기심에서 비롯된다. 그러나 인간은 일상생활에서 이기심을 제로(0) 상태로 통제할 수는 없겠지만 가능하면 최소화하여 자신의 마음을 선한 상태로 만들어야 한다. 화는 맨 먼저 자신을 갉아먹어 본인의 삶을 파괴하고, 자연을 파괴하고 결국에는 타인의 행복도 빼앗아 가는 나쁜 행위이다.

따라서 화를 잘 내고 언제나 불만에 가득 찬 사람은 병에 걸리기 쉽고 타인보다 먼저 늙는다는 사실을 깨달아야 한다. 애정의 감정은 무엇을 창조하고 만들거나, 키우는 긍정적인 에너지를 발산한다. 반면, 화는 거부 또는 버리거나, 파괴하는 부정적인 에너지가 생성되는 것이 자연의 섭리다. 화를 낼 때는 무지하고 지혜롭지 못한 인간이 되어버

린다. 화의 특성은 횟수가 늘어남에 따라 화를 내도 된다는 믿음으로 자신의 무지를 자극해서 궁극적으로 자신을 파괴하고 타인의 행복을 탈취하게 된다.

화를 내거나 욕심이 과하면 몸에서 나쁜 호르몬이 분비되어 몸을 파괴한다. 화를 다스리는 방법은 바로 자신의 마음을 보는 것이며, 마음을 보는 순간 화는 바로 사라진다고 한다. 화를 낼 수 있는 조건과 상황이 주어지지 않을 때는 누구라도 침착하고 평화로운 마음을 유지한다. 그러나 화를 낼 수 있는 조건과 원인이 주어졌을지라도 화를 내지 않아야 '화가 없다.'라고 말할 수 있다.

감사하는 마음으로 살자

증오를 제거하는 보편적인 습관은 감사하는 마음이다. 늘 감사하는 마음이 습관환 된 사람들은 인간관계에서 특별한 스트레스를 받지 않을 뿐만 아니라, 오히려 사랑받는 관계로 발전하게 된다. 아침에 일어나면 살아 있음에 감사하고, 새로운 하루가 주어짐을 감사하고, 가족과 함께 식사할 수 있음에 감사하고, 직장에서 동료들과 함께 업무 처리할 수 있음에 감사하는 등 늘 사소한 것일지언정 매사에 '감사'의 끈을 놓지 않고 생활하는 것이 행복한 삶을 추구하는 행위이다. 이처럼 감사하는 마음은 근본적으로 증오의 마음을 씻어낼 수 있는 수단으로 작용하기 때문에 정신적으로 건강을 유지하게 되어 유쾌한 상태로 인간관계가 이루어지기 마련이다.

우리는 오로지 자신의 노력과 힘으로 살아갈 수 없는 세상의 중심에 존재하고 있다. 그러므로 모든 일들이 얽히고 복잡한 관계 속에서 살아갈 수밖에 없다는 것을 인지하고 있다면 감사하는 마음의 당위성을 이해할 수 있을 것이다. 그렇지 않고 세상사가 자기가 생각한 바대로 이루어지지 않는다고 감사하는 마음은커녕 불평불만으로 일관한다면 원만한 인간관계가 이루어질 수 없으며, 부정적 사고로 이어져 자기중심적 삶으로 인해 각종 정신적 스트레스가 쌓여 질병의 원인이 되기도 한다.

독일의 염세주의 철학자 쇼펜하우어(Arthur Schopenhauer)조차도 절망의 늪에서도 “가능하면 누구에게도 원한을 품어서는 안된다.”라고 주장한 바 있다. 위에서 언급한 바와 같이 원한을 품는다는 것은 상대를 해치는 것보다 자신의 정신적 건강을 망치는 결과를 초래하기 때문이다.

인생의 길이는 짧다. 길지 않은 인생을 감사하는 삶과 함께 보다 건강한 사회의 주인공으로 더불어 살아가길 강력하게 권고하고 싶다. 두 번 다시 찾아오지 않는 오로지 한번밖에 주어지지 않는 인생을 유쾌한 마음으로 서로가 즐기는 행복한 삶을 만끽하고 생을 아름답게 마감할 수 있길 바란다.

만약, 사소한 것에서부터 감사하는 마음으로 자신을 다스린다면 분명히 삶이 즐거워질 것이고 행복해질 것이다. 지금 즉시 감사하는 삶을 실천하며 스스로 행복한 마음을 간직할 수 있도록 노력하자. 과거의 일들은 과감하게 잊고 아직 실현되지 않은 미래의 걱정을 잠시 내려놓고 현재를 감사하는 마음으로 생활한다면 반드시 생의 긍정적 변화가 동반될 것으로 확신한다.

고대 그리스의 철학자 소크라테스(Socrates)의 제자이자 고전기 헬라스 철학을 대표하는 플라톤(Plato)이 “남을 행복하게 하는 자만이 행복을 얻을 수 있다.”라고 말한 것처럼 남에게 행복을 주면 그 행복이 나에게도 전이된다는 사실을 기억하자. 그리고 항상 베풀며 살아가는 행위 자체가 나의 정신건강을 지켜준다는 사실을 명심하자.

화해와 용서

인간관계에서 오해로 인해 다툼이나 미워하는 관계로 이어지는 경우를 어렵지 않게 경험하게 될 것이다. 그러나 이와 같은 현상은 상대적 관계에서 발현되기 때문에 내가 먼저 이해하기 위해 노력하며 감정을 다스린다면 절대로 적대적인 감정으로 이어지지 않을 것이다. 바꿔 말하면, 모든 일을 상대의 입장을 고려한다면 오해의 폭은 좁아지기 마련이고 이해의 폭이 넓어지기 때문에 부정적 관계를 원천적으로 제거할 수 있다. 어떤 경우라도 상대를 이해하는 전제조건으로 대화한다면 의외로 쉽게 오해가 풀릴 수 있게 마련이다.

그러나 쓸데없는 고집과 아집으로 상대를 적대적으로 대하거나, 외면하며 스스로 불편한 관계를 이어간다면 서로가 불행할 수밖에 없다. 언젠가 대학의 평생교육원 강사가 들려준 유머(Humor) 중 ‘5-3=2와 2+2=4’의 내용을 풀이하면서 “오해를 3번 생각하면 이해가 되고, 이해를 2번 하면 사랑이 된다.”라는 이야기가 평범하지만 잔잔한 감동을 준 적이 있다. 이처럼 '오해와 이해'는 항상 동일 수준의 개념으로 생각하면 원만한 인간관계가 형성될 것이다.

오해를 해소하는 과정에서 내가 먼저 적극적인 화해의 손짓과 함께 다가간다면, 상호 간의 오해로 말미암아 서먹서먹했던 소통도 말끔히 해소될 수 있다. 혹시나 나의 실수로 인해 적대적 관계가 되었다면, 즉시 상대의 적대적 언행에 같은 수준으로 대응하지 않고 상대를 이해하려는 노력으로 화해한다면 상대는 '용서'라는 반응으로 보답할 것이다. 이처럼 '화해와 용서'도 하나의 묶음으로 인식한다면 상생의 행복을 경험하게 될 것이다.

자신의 정신적 건강을 위해서라도 절대로 적대적 감정이나 증오심은 마음속에 저장해서는 안된다. 사람과의 관계에서 흔히 발생할 수 있는 부정적 감정은 나 자신을 위해 즉시 해결하기 위해 노력해야 하며, 그 행위는 아름다울 뿐만 아니라, 행복을 추구하는 지름길이다.

참빛그룹의 고 이대봉 회장의 아름다운 용서를 통해 세상의 참 빛으로 삶을 마감한 사연을 소개하고자 한다. 아들이 다니는 학교에서 동료의 학교 폭력 탓으로 사망하게 되었을 때 가해자를 용서하고 법원의 재판장에게 끈질기게 탄원하여 법적 처벌을 면하게 하였으며, 가해자의 유학비용을 지원하고 유명한 성악가로 성장할 수 있도록 위로와 격려로 남다른 사랑을 실천하고 세상을 떠났다는 소식을 전해 듣고 나 자신을 돌아보는 계기가 되었다. 또한 이대봉 회장은 국내는 물론이고 베트남의 수많은 학생에게 장학금을 지원하고 불우한 이웃들에게 경제적 지원을 통해 참 빛 사랑을 실천한 공로로 베트남 정부로부터 최고의 훈장을 받아 존경하는 인물로 기억되고 있다.

남들의 약점을 부각하는 것보다 강점과 좋은 점을 강조하면서 칭찬하는 습관은 곧 자신을 유쾌하고 즐겁게 한다. 또한 그와 같은 행위는 상호 간 우정을 돈독히 하는 결과로 이어져 선 순환적 소통을 통한 아름답고 행복한 삶의 기초가 다져질 것이다. "칭찬은 고래도 웃게 한다."라는 말이 있지 않은가? 칭찬하는 사람에게 감히 침을 뱉을 수 없다는 간단한 원리이다.

심지어 제삼자를 대상으로 이야기가 진행되는 동안에도 아무리 부정적인 이미지가 자신의 마음에 자리를 잡고 있다 할지라도 칭찬거리를 찾아 좋은 점을 강조하는 습관을 길러야 한다. 왜냐하면, 이 세상에는 영구적인 비밀이 있을 수 없으며, 언젠가 지인에게 이야기 내용이 전달될 수밖에 없기 때문이다. 따라서 언제나 상대의 단점은 감추고 장점을 드러내 칭찬을 아끼지 않는 버릇을 습관화하여 건강한 인간관계의 주체가 되어야 한다.

과거 크고 작은 사건으로 말미암아 서로가 적대관계로 지내고 있다면 당사자들의 마음도 편하지는 않을 것이며, 증오의 대상으로 변질되어 서로의 정신건강에 치명적 영향을 미친다. 이와 같은 부정적 결과를 염두에 두고 가능하면 화해와 용서를 통해 건강한 관계를 유지하고자 노력한다면 무엇보다 자신에게 행복이 안겨질 것이다.

특히 나이가 들어가면서 정신적으로 건강을 유지하기 위해서는 상대를 증오하거나 책임을 전가하기보다 나를 먼저 돌아보고 나에게 책임이 있다는 마음을 깨달아야 한다. 프랑스 황제 나폴레옹(Napoleon Bonaparte)조차도 남대서양 연안의 영국령 세인트 헬레나(St. Helena) 섬에 유배되었을 때 "나의 몰락은 누구의 탓도 아니다. 자신의 탓이고, 내가 나의 가장 큰 적이며 나 자신이 비참한 원인이다."라고 남탓보다 모든 것을 나의 탓이라고 하였다. 따라서 화해와 용서가 존재하는 건강한 사회를 만들기 위해 최선을 다해야 한다.

가족이나 부부관계에서도 마찬가지이다. 만약 살아가면서 수많은 이유로 인해 갈등이나 언쟁 등으로 소원해지는 경우가 없다면, 아마도 서로의 감정이 교환되지 않는 상태에서 존재하는 인형이나 다름이 없을 것이다. 인간이 다른 동물들과 달리 우주를 지배하는 이유는 변화하는 환경에 잘 적응하는 탁월한 능력이 있기 때문이다.

가족이나 부부 사이에 늘 행복하기 위해서는 상대로부터 사랑받기를 원하고 있지만, 현실을 돌이켜보면 사실은 주고 있으면서도 행복의 감정을 느끼지 못하고 있다는 사실이다. 즉, 자신이 행복하기 위해서 실제로는 끊임없이 주면서 살아가고 있으나 상대적으로 돌아오는 것이 부족함을 느끼기 때문이다. 그러므로 인간에게는 주고받는 것에 무관하게 사랑과 용서라는 절대적인 감정의 무기가 존재한다.

사랑과 용서는 반작용의 개념일 것으로 생각하지만 사실은 하나의 묶음으로 된 인간에게 주어진 가장 아름다운 삶의 수단이다. 사랑이 존재하기 때문에 용서가 뒤따를 것이고, 용서가 존재하기 때문에 사랑이 이어진다는 평범한 진리를 우리는 항상 마음속에 간직하고 살아가야 한다.

chapter 24

이성과 감성 및 감정 간 중용을 지키자

이성과 감성 및 감정 간 중용을 지키자

청년기에는 이성과 감성 그리고 감정의 폭과 깊이가 비교적 크고 에너지의 활동이 풍부하기 마련이다. 그러나 노년기에 접어들면 감성이나 감정보다 이성적인 면이 강하게 표출되기도 한다. 이 과정에서 세대 간 갈등으로 인해 문제를 일으키기도 하므로 적당한 절제와 포용의 자세가 요구되기도 한다.

이성은 논리적 관점에서 이해해야 하므로 때로는 무미건조한 분위기를 자아내기도 한다. 이성이란 감각적 능력을 상대로 한 개념으로 사유하는 능력을 일컫는데, 감성의 반대되는 의미로 객관적이며 다른 사람과 동일한 판단을 내리는 경향이 있다. 반면, 감정은 어떤 현상이나 일에 대해 일어나는 마음이나 느끼는 기분이다.

또한 감정은 마음속에서 일어나는 다양한 상태의 기분을 의미하는 주관적인 개념으로 개인마다 다른 판단을 내리는 경향이 있다. 한편, 감성은 감수성의 줄임말로 자극이나 자극의 변화를 느끼는 성질로 감정이 예민하거나 풍부한 상태를 의미한다.

'중용의 자세'는 마음을 비우는 행위로부터 비롯되는 개인에게 매우 중요한 개념으로 마음을 평온하게 유지하고 삶의 조화를 이루는 데 도움을 주는 지침이기도 하다. 즉, 중용의 자세는 어느 한쪽으로 과하거나 부족하지 않게 하는 삶의 행위로 극단에 치우치지 않고 균형을 유지하는 것을 의미한다. 특히 노년기에는 가능하면 모든 것을 포용할 수 있는 넓은 가슴으로 극단적 사고보다 반대의 관점이나 부정적 상황도 이해하려는 중용의 자세가 필요하다.

일반적으로 이성적 개념은 바른 판단, 올바른 선택 등과 같이 보편적으로 인정되는 수준의 사고를 지칭하지만, 이성과 감성에 대한 논쟁은 철학적 관점, 문학적 관점, 심리학적 관점으로 주장하는 개념적 차이가 각각 존재한다. 감정과 이성은 사회 구성원으로서 살아가는 데 필수 수단으로 무엇보다 각각의 개념적 의미가 내포하고 있는 힘의 균형을 유지하는 지혜가 필요하다.

즉, 모든 사물의 현상이나 사건의 문제를 해결하기 위해서 이성보다 감정으로 해결해야 하는 때도 있고, 반대로 감정보다 이성으로 해결해야 하는 경우가 있다. 일상생활에서 중용의 자세는 지나친 욕심이나 감정을 자제하고 이성적으로 상황을 바라보는 균형 잡힌 선택이며, 인간관계나 일상에서 갈등을 줄이고 평온한 상태를 유지하도록 한다.

그러므로 이상적인 사람은 이 두 개념이 상호 간 조화를 이룰 수 있도록 노력하며 균형 잡힌 삶을 추구한다. 따라서 원활한 사회적 관계를 유지하기 위해서는 너무 이성적으로 혹은 감정적으로 치우치지 않는 중용의 사고가 무엇보다 중요하다. 그러나 이성과 감정 간 중용을 지키는 행위는 하루아침에 이루어지는 것이 아니라, 고도로 숙련된 경험과 노력에서 비롯되기 때문에 마음의 수양과 함께 스스로 노력하려는 의지가 필요하다.

노년기 중용의 처세술은 아름답다

중용은 지나치거나 부족하지도 않고 한쪽으로 치우치지 않은 떳떳하며 변함이 없는 상태나 정도를 의미하는 것으로 동서양을 막론하고 철학자들은 중용의 덕을 강조하였다. 나이가 들어간다는 의미는 각자의 삶이 점점 숙성되어 보다 지혜로움을 바탕으로 인생의 후반부를 즐기는 과정이다.

그러나 그동안 겪었던 풍부한 경험과 축적된 각종 정보를 사회생활에 적용하는 과정에서 크고 작은 차이점으로 인해 갈등을 불러일으키기도 하고, 사회적 간섭의 원인이 되기도 한다. 그러므로 노년의 윤택한 삶을 위해서는 각자의 처세가 무엇보다 중요하다. 물론 사회활동에 있어서 주도적인 역할은 젊은 세대가 담당하므로 소외된다는 생각에서 기인하는지 모르겠으나, 노년기에는 그 활동들의 내부를 들여다보고 싶어 하는 욕구도 있다.

또한 가족 간에도 가끔 세대 간 갈등이 발생하기도 한다. 예를 들면, 며느리의 살림살이가 마음에 들지 않거나 궁금할 때 시어머니는 며느리 집을 방문할 때마다 냉장고에 보관된 반찬이나 식자재를 점검하거나 각종 진열품 등을 살피면서 잔소리를 늘어놓으면 며느리는 지나친 간섭으로 받아들일 수 있다. 그러나 과거 시어머니와 신세대의 며느리 생활방식이 틀린 것이 아니라 단지 다르다는 것을 인정하는 중용의 자세가 올바른 처세일 것이다.

또한 모든 사회적 현상에도 이성과 감성이나 감정이 조화를 이루는 중용의 자세가 요구된다. 고대 중국의 예에 관한 기록과 해설을 정리한 유교 경전인 예기에 나오는 글 가운데 "뜻을 자만하게 해서는 안되며, 즐거움이 극에 달하게 해서는 안된다. - 지불가만, 락불가극(志不可滿 樂不可極)"과 "오만함을 자라게 해서는 안되고, 욕심을 따라서도 안된다. - 오불가장, 욕불가종(敖不可長, 欲不可從)"의 경전처럼 적당한 수준의 중용이 중요하다는 것을 가르치고 있다.

지혜로운 삶을 위한 세상의 원리는 극과 극의 사이와 겸손과 자만의 중앙의 위치에 머무는 것이며, 적당한 욕구의 절제와 함께 더불어 사는 것이다. 또한 학문의 진정한 목적은 오만함과 욕심에서 벗어나는 것임을 인지해야 한다.

불교수행공동체 정토회*를 설립해 수행지도와 사회활동을 담당하고 있으며, 통일연구 · 교육기관인 평화재단, 국제기아 · 문맹퇴치 민간기구인 한국 JTS(Join Together Society)**의 지도 법사로 활동하고 있는 법륜 스님은 우리에게 진정한 중용의 의미를 가르쳐주고 있다.

그는 즉문즉설 강연에서 모든 사물을 대하는 방식이나 대화의 내용에 있어서 극단적으로 치우치지 않는 사고를 강조하면서 많은 사람의 고민을 해결해 주는 멘토로 활동하고 있다. 즉, 대중들의 고민을 듣고 대화를 통해 중용의 사고를 바탕으로 그 사람이 스스로 답을 찾을 수 있게 도와주고 있다.

법륜 스님의 즉문즉설 강의 내용을 분석해 보면 문제해결을 위한 스님의 중용사상이 얼마나 중요한가를 몸소 느낄 수 있다. 이처럼 법륜 스님의 법회는 '중용의 지혜가 곧 삶의 지혜'라는 사고를 문제해결

---

* 1988년 정토포교원을 개원으로 시작된 법륜 스님이 지도 법사로 있는 불교수행공동체이다.

** 법륜 스님이 기아, 질병, 문맹퇴치를 목적으로 설립한 국제구호 비정부기구이다.

에 적용한다면 모든 문제가 조화롭게 해결될 수 있다는 값진 교훈을 가르치고 있다.

중용의 본질적인 개념은 비움의 마음으로부터 출발하며, 소유나 집착을 내려놓고 마음을 깨끗하게 하려는 상태를 의미한다. 즉, "비워야 채울 수 있다."는 말처럼, 욕심과 집착을 비우면 중용의 자세와 더불어 큰 평온과 자유를 얻을 수 있다는 것이다. 이처럼 일상에서 마음을 비우고 중용의 자세를 취한다면 언쟁과 갈등이 사라질 것이며, 서로가 배려하는 사회적 관계로 이어질 것이다.

올바른 가르침도 젊은이에는 간섭일 수 있다

수백 년에 걸쳐 토착화된 습관이나 풍습도 최근에는 급격한 문화적 인식의 차이나 첨단 과학의 발달로 인해 무시되는 경향이 있다. 과거 오랜 기간에 걸쳐 유행되었던 패션도 오늘날에는 상상 이상으로 짧은 기간에 유행이 변하고 있다. 이처럼 시대 흐름에 따른 변화가 극심해지고 있음에도 불구하고 시대에 어울리지 않는 패션임을 자각하지 못하고 고집을 부리는 나홀로족과 같은 인상을 주는 행위나 과거의 전통적 관습이나 풍습을 이유로 변화에 순응하지 못한다면 사회 구성원들로부터 외면당할 수도 있다.

따라서 변화를 역행하는 행위보다 순응하면서 가족이나 사회 관계자들과 자연스럽게 어울리는 지혜를 발휘해야 한다. 그리고 자신의 사고와 맞지 않는다고 차별하거나 상대 행위의 교정을 위한 제안이나 조언 등은 간섭으로 여겨질 수 있기 때문에 언제나 중용의 입장에서 행동해야 한다. 그렇다고 옳지 못한 행위를 목격하고도 마냥 묵언으로 일관하라는 의미는 아니다. 다만, 상황을 살피고 적당한 수준의 조언과 중용의 자세로 건전한 사회를 이룩하는 데 동참하기 위해 노력해야 할 것이다.

최근 핵가족 시대를 맞이하여 고부간 갈등이 사회적 이슈가 되는 경우가 있는데, 갈등의 원인을 따지기 전에 인생 후반기에는 가능하면 젊은 세대를 이해하려는 노력이 필요하다. 행위에 대한 가벼운 지적이나 조언도 때에 따라서는 불편한 간섭으로 받아들일 수 있으므로 가능하면 가족 구성원의 행위를 긍정적으로 인정하면서 위로와 격려로 살가운 분위기를 스스로 만들어 가는 슬기로운 어른으로 인식되길 바란다.

과거와 달리 요즘은 과학의 발달과 함께 삶의 방식이 빠른 속도로 변하고 있어서 연륜에 따른 경험적 차이로 인해 상황을 인식하는 데 있어서 세대 간 보이지 않는 갈등이 존재할 수 있다는 것을 기억해야 한다. 심지어 인권을 보호해야 한다는 사회적 인식으로 인해 부부나 부모·자식 간에도 자기 소유의 핸드폰 이외에는 들여다볼 수 없는 시대에 살아가고 있다. 그러므로 개인의 인권 보호가 강화되고 있는 현실을 순응하면서 자신과 관련 없는 개인정보에 관심을 두지 않아야 한다.

부모가 자식을 사랑한다는 이유만으로 자식의 일거수일투족에 관여하는 행위는 자식이 스스로 해결하려는 능력과 의사 결정권을 빼앗는 결과를 초래할 뿐이다. 부모는 아이들이 성장하는 과정에서 스스로 문제를 해결하는 능력을 길러주기 위해 단지 조력자 역할만을 담당해야 한다.

자식에 대한 사랑이 지나쳐 마치 헬리콥터 맘(Helicopter Mom)처럼 아이들의 주위를 벗어나지 못하고 모든 것을 통제하려는 것은 바람직한 행위가 아니다. 아이들이 스스로 판단할 수 있는 능력을 길러주는 것이 무엇보다 중요하다.

만약, 자식을 양육하는 과정에서 모든 것을 스스로 해결하도록 지도하지 않고 아이 대신 부모가 문제를 직접 해결한다면 아이의 자발적 의사를 무시한 행위이며 정신적 성장을 방해하는 행위이다.

예를 들면, 아이가 넘어졌을 때 부모가 일으켜 주는 것보다 스스로 일어날 수 있도록 해야 하며, 일상생활에 필요한 것들을 스스로 챙길 수 있는 능력을 길러주는 교육이 필요하다. 이와 같은 교육 방법은 성장해서 복잡한 사회생활에 적응하는 방법을 비교적 쉽게 터득할 수 있는 올바른 가르침이다.

chapter 25

은퇴 후의 삶

은퇴 후의 달라진 사회적 환경

직장에서 은퇴 후 노년기가 되면 수많은 변화에 적응해야 하는 숙명적 환경이 다가오기 마련이다. 우선 사회적으로 주도적 역할이 불가능하므로 과거의 사회적 성장기에 활발하게 활동하면서 자신의 특기를 발휘하였던 나의 모습과는 전혀 다른 환경에 내가 포함된다는 엄연한 사실을 직시해야만 한다. 또한 그동안 각자의 삶을 위한 수단으로 경제활동을 하면서 쌓아온 다양한 경험을 바탕으로 제2의 삶을 위한 도약의 계기로 삼아 도전하기도 하지만, 이러한 경우에도 언제나 사회적으로 바뀐 환경을 상기시키면서 조심스럽게 정진하는 가운데 계획한 바를 달성하도록 해야 한다.

필자의 친구들도 공무원, 회사원, 교사 등 다양한 직업군에서 사회활동에 참여한 후 은퇴하였으나, 은퇴 후의 진로 또한 다양하다. 우리나라 제1의 베이비붐 세대(1955년~1963년생)이기 때문에 비교적 많은 사람이 대거 은퇴하여 제2의 인생을 살아가기 위해 도전하고 있다. 특히 은퇴 후 자식들은 모두 분가하고 배우자와 함께 행복한 삶을 이어가면 된다는 생각으로 은퇴 생활을 해보지만, 그동안 가족을 위해 오로지 앞만 보고 달려온 삶으로 인해 특별한 취미나 문화생활을 해오지 못하여 집 안에서 머무는 것이 부자연스럽고 활동 범위가 매우 제한적이기 때문에 답답하기 그지없을 정도다.

일반적으로 저마다 삶의 현장에서 나이가 들어 은퇴하기 전에 그동안 시간과 경제적 부담 등의 이유로 실현하지 못한 것들을 위해 나름대로 꿈을 펼치기도 한다. 그러나 막상 은퇴 후 달라진 사회적 환경을 맞이하고 나면 계획대로 이루어지지 않는 경우도 있기 때문에 실망하기도 하고, 심지어 실현되는 상황의 강도에 따라 절망하기도 한다. 따라서 노후의 삶에 대한 계획은 은퇴 전에 현실적인 상황을 고려하여 가족과 함께 치밀하게 수립해야 한다. 이 과정에서 허풍이나 허망한 꿈에 불과한 계획은 금물이고 가능하면 소박하면서 실현할 수 있는 계획을 바탕으로 점점 확장해 나가야 한다.

삶의 현장에서 오로지 자신과 가족을 위해 헌신하면서 규칙적으로 살아왔기 때문에 사회적 환경이 바뀌면 적응하는 데 일정한 시간이 필요하다. 예를 들면 은퇴 전에는 각종 증명서를 발급받거나 은행 업무 등을 가족이 대신해 주는 경우가 대부분이기 때문에 은퇴 후에는 손수 이와 같은 일들을 한다는 것이 새삼스럽게 느껴지기도 한다. 이처럼 은퇴한 사람들에게 사회성이 부족한 틈을 이용하여 접근하는 사기범들도 있다는 것을 인지하고 투자나 고가 물품의 구매 등은 반드시 배우자와 함께 의논하면서 처리해야 사고를 미리 방지할 수 있다. 이와 같은 충고를 무시하고 신중한 검토 과정 없이 주변의 투자 제안을 받아들이면 실패 확률이 높다는 것을 기억해야 한다.

또한 은퇴 후에는 그동안 쌓은 비법이나 숙련된 지식이 정점에 있을지라도 새로운 환경에서 인간관계를 형성하기 위해 가능하면 자기주장을 줄이는 것이 유리하다. 동료들과 소통은 순수한 마음에서 우러나오는 말과 행동이 비교적 원만하고 오랫동안 유지할 수 있으나, 대화 과정에서 '아는 척', '잘난 척', '있는 척'의 3척은 부질없는 행위에 불과하므로 묵묵히 경청하는 태도야말로 최고의 소통 방법이다. 그러나 자기의 뚜렷한 목표가 수립된 후 실천하는 과정에서 무작정 경청하거나 자기주장을 포기하라는 것은 아니다. 모든 인간관계는 균형 있는 조합의 지혜가 요구되기 때문에 상황에 따라 슬기롭게 대처해야 한다는 의미이다.

은퇴 후 삶의 설계

필자는 대학에서 교수로서 직장생활을 마치고 은퇴할 수 있었으나 나름대로 제2의 삶을 실현하고자 3년을 앞당겨 명예퇴직을 하였다. 은퇴 후 사회에 첫발을 내딛고 제2의 보금자리도 마련하였다. 물론 은퇴 전에 계획했던 바와는 작지 않은 차이가 발생하였지만, 그동안 꿈꾸어왔던 취미생활도 하면서 정기적으로 외국의 대학을 방문하여 특별강연을 계획했다. 그러나 은퇴 직후에 예상하지 못했던 '코로나19' 전염병이 전 세계적으로 대유행하면서 중앙아시아의 키르기스스탄 국립대학(Kyrgyzstan National University)의 강의도 전염병 유행이 잠잠해질 때까지 멈출 수밖에 없었다. '코로나19'는 생각보다 2023년 상반기까지 오랜 기간 지속되었고, 사회 전반적으로 다양한 분야에 걸쳐 뉴노멀(New Normal)*의 근원이 되기도 하였다. 직장인들의 비대면 근무를 위한 재택근무가 활성화되기도 하였고, 교육의 현장에도 비대면 온라인(On-line) 강의가 보편화되고, 배달 서비스도 비대면 접촉으로 전환되는 등 많은 변화를 가져왔다.

약 3년 동안 '코로나19'의 팬데믹(Pandemic)으로 인해 비대면 접촉이 일상화되면서 이동이 철저하게 통제되는 가운데 관광업계에 심각할 정도로 타격을 입혀 수많은 종사자가 의도하지 않은 강제퇴직으로 인해 생계를 위해 고통스러운 삶을 이어갈 수밖에 없었다.

---

* 2004년 로저 맥너미(Roger McNamee)에 의해 처음 사용되었으며, 새롭게 보편화된 사회 · 문화 · 경제적 표준을 의미하는 시사용어다,

주위에서는 관광업계 종사자들이 어렵게 시간제로 근무하면서 하루 빨리 전염병 유행이 극복되어 근무 현장으로 돌아가기를 학수고대하였으며, 2023년 상반기부터 점점 엔데믹(Endemic)으로 전환되는 분위기가 확산하면서 관광업이 활성화되기 시작하였다. 당시 '코로나19'의 팬데믹 기간에 항공기를 조종하는 조종사들도 생계를 위해 잠시 항공기의 조종간을 내려놓은 상태로 택배 서비스나 공장에서 시간제 근로로 일하는 모습을 지켜보면서 관광업계에 얼마나 심각한 타격을 주었는지를 짐작할 수 있었다.

그러나 필자는 다행스럽게도 은퇴 후 일정한 연금 수입으로 생계를 유지하면서 제2의 보금자리에서 정원과 텃밭을 가꾸며 보람 있는 시간을 보냈다. 또한 시간이 허락하는 대로 책을 읽고 집필활동을 하면서 나름대로 의미 있는 시간을 보낼 수 있었다. 그 결과 여행을 통해 배우는 지혜를 바탕으로《지구촌 여행과 교육이 주는 지혜》라는 졸저를 출간하여 어린 시절부터 주입식 교육을 탈피해 살아있는 교육을 적극적으로 추천하는 계기가 되기도 하였다.

그런데 '코로나19'가 엔데믹으로 전환되었던 2023년 상반기에는 은퇴 직후 특별 강의를 약속했던 외국의 대학과 국내의 특정 대학에서 강의 요청이 있었음에도 이제는 제2의 삶의 목적이 강의가 아니라 자신의 숙성된 삶을 위해 보다 많은 시간을 할애해야겠다는 생각으로 완곡하게 거절하기도 하였다.

'코로나19'가 완전히 극복된 후에는 대학에서 그동안 해외여행을 통해 경험했던 것을 바탕으로 해외 교류 활동을 지원하고 출강하면서 교육봉사에 참여하고 있다.

은퇴 후 투자는 신중하게

은퇴 후에는 퇴직금과 그리고 근무하면서 십시일반으로 저축해 놓은 현금을 보유하고 있다는 것은 보편적인 현상일 것이다. 은퇴 전에는 많은 사람으로부터 은퇴 후 투자는 특별히 신중히 처리해야 한다며 기존에 발생하였던 다양한 예를 들려주고 조심하라는 이야기를 들었던 적이 있다.

특히 은퇴자는 사기꾼들의 표적이 되는데 특히 공무원, 교육자, 군인, 경찰직에서 은퇴한 사람들이 사기당할 확률이 높다는 것이었다. 당시에는 "설마 어떻게 그런 사기를 당할 수 있을까?"하고 무심코 넘겨버렸다. 그런데 은퇴 직후에 다양한 사람들로부터 사업투자 제안을 받게 되었다. 이와 같은 제안들을 거절하지 못하고 타당성 검토를 신중하게 하지 못한 상태에서 몇 개의 제안을 받아들여 결국은 손해를 본 적이 있다.

은퇴 후에 투자로 인한 실패 사례를 나만이 경험하지 않았을 것이다. 특히 직장을 은퇴한 사람들은 이와 같은 사례를 귀담아 듣고 각종 투자 제안은 깊이 있는 분석과 구체적인 내용을 철저하게 확인 후 추진할 것을 권장한다.

금액의 많고 적음에 관계없이 사기를 당했을 경우 누구나 분노의 감정을 느낄 것이다. 필자도 은퇴 후 사기를 당한 당시 의도적인 사기라는 것을 인지하고 난 후 너무나 억울해서 울분을 토할 수밖에 없었다. 솔직히 표현하면 자신이 너무나 미웠다는 것이 어울릴 것 같다.

상당 기간 잠을 설칠 정도로 고통스러웠으나, 창피해서 주변의 누구에게도 이 사실을 이야기할 수 없었다. 한동안 심적으로 괴로웠고, 마치 불교에서 자주 언급되는 '번뇌'와 '고뇌'가 반복적으로 지속되어 정신적 건강을 해치고 말았다. 그러나 자신을 냉정하게 되돌아보건대 이와 같은 고통은 잠재적인 욕심과 욕구에서 나타나는 심리적 현상이라는 것을 인지하게 되었다. 따라서 지속되는 분노는 심신을 약화시켜 정신건강에 적지 않은 부정적 영향을 미칠 것으로 생각되어 이 세상을 떠날 때 버리고 갈 것의 일부를 미리 버렸다는 전환적 사고로 자신을 위로하며 모든 것을 잊기로 하였다.

누구나 마찬가지이겠지만 의도하지 않았던 실패나 실수를 범했을지라도 이미 저질러진 것들에 대해 응대하는 행위에 따라 정신적 건강에 많은 영향을 미친다는 것은 일반적인 상식에 불과하다. 그러나 숙성되지 못한 마음의 분노에 빠져들어 헤어나지 못하면 새롭게 출발하는 제2의 인생이 망가질 수밖에 없을 것이다.

이와 같은 평범한 진리를 상기시키면서 은퇴 후 처음으로 당한 사기를 온전히 잊고 현재의 삶에 무게를 감당하며 살아가기로 마음을 굳힌 가운데 로맨스가 스며있는 사소한 일들에 몰입하며 긍정적 생각을 키우는 데 전력을 다하고 있다.

불경에서 "버리면 채워진다."라는 말처럼 은퇴 후는 정리하는 단계이기 때문에 가진 것을 하나씩 버리면 마음의 행복으로 대체될 것이다.

'5자'를 실천하자

언젠가 유튜브에서 방송된 내용 중에서 나이가 들면 '5자'를 게을리 하지 않아야 한다는 것을 본 적이 있다. 일반적으로 '5자'라 하면 동양의 5대 현인 즉, '공자', '맹자', '장자', '순자', '한비자' 등의 '5현'을 일컫는 말이지만 은퇴의 '5현'은 '놀자', '쓰자', '웃자', '베풀자', '걷자'의 다섯 가지 '자'를 '5자'로 지칭하기도 한단다.

웃자고 하는 이야기이지만 따지고 보면 매우 현실적이면서 노인들에게 절대적으로 필요한 행동강령일 것으로 생각된다. 물론 주어진 범위를 크게 벗어나지 않는 선에서 여생을 즐기며 행복을 추구하는 개념이기 때문에 반드시 옳은 것은 아니지만, 우리나라 사회적 정서를 고려할 때 대체로 어울리는 것 같아 '5자'를 중심으로 살펴보고자 한다.

아낌없이 쓰자

은퇴 전까지는 가정의 생계를 위해 수입의 대부분을 사용해 왔다. 그러나 은퇴 후부터는 자신과 배우자 그리고 주위 사람들을 위해 아끼지 않고 지출하는 삶으로 전환해야 사회적 시스템 내에서 어른 대우를 받는 삶을 영위할 수 있다. 필자는 평상시에 지인들과의 관계 속에서 비용을 지출해야 할 때는 언제나 약간의 손해를 보는 것이 마음이 편하게 느껴진다는 것을 깨달았다. 친구들과 함께 식사하거나 골프 운동을 할 경우에도 가능하면 내가 약간의 비용을 더 지불하는 편이 훨씬 마음이 편하다는 것이다. 반대로 지인들과 만나 친교를 목적으로 게임이나 식사할 때 지인들보다 비용을 덜 내는 방법을 찾으며 계산적인 사람들은 지인들로부터 왕따 당하는 경우가 있다.

'쓰자'라는 것은 물론 합리적인 지출의 개념으로 과소비를 의미하는 것은 아니다. 다만 은퇴 전의 틀에 박힌 삶 속에서 경제활동의 주체가 되어 왔지만, 자신을 위해 자유롭게 지출할 수 없는 상황이었기 때문에 은퇴 후에는 합리적인 범위 내에서 지출해보자는 의미다.

그러나 주변에서 많은 사람이 은퇴 후에 특별히 저축해 놓은 것이 없어 자식이 보내주는 용돈으로 어렵게 살아가는 경우와 연금이나 재산이 많음에도 불구하고 지금까지 해왔던 습관의 관성이 작용하는지는 모르겠으나, 무조건 아끼며 남루하게 살아가는 예도 있다. 바꿔 말하면 많은 현금이나 재산을 보유하고 있음에도 불구하고 마치 영생할 것처럼 지나치게 아끼며 살아가는 것보다 자신이나 사회를 위해 사용하는 것이 훨씬 바람직할 것이다.

베풀며 살자

노무현 전 대통령이 "경제적으로 성공한 사람이 서민을 돌보지 않는다면 죄를 짓는 행위다."라는 의미심장한 말을 남긴 바와 같이 우리는 나이가 들수록 경제적으로 혹은 정신적으로 베풀며 살아가야 한다. 아무리 우리나라 경제 규모가 세계 10위권에 진입하고 1인당 GDP가 3만 달러 이상일지라도 현실적으로 주위를 돌아보면 어렵게 생계를 유지하며 고통스럽게 살아가는 사람들을 어렵지 않게 목격할 수 있다. 이와 같은 이유는 부의 편중이 가져다주는 결과지만 자본사회에서 어쩔 수 없는 현상이기도 하다. 누구나 태어나서 열심히 일하고 즐기면서 살다가 죽는다는 것은 변함없는 진리이다.

자신에게 주어진 시간은 절대로 다시 찾아오지 않는다. 전혀 길지 않는 삶을 살아가면서 마치 죽을 때 모아서 가지고 갈 것처럼 안으로만 움켜쥐는 습성으로 외롭게 사는 것보다 주위의 동시대를 더불어 살아가는 동료들과 어울리고 이웃과 나누면서 진정한 행복을 찾아야 한다. 필자의 경험에 의하면 남에게 베푸는 행위는 나를 행복하게 해주는 중요한 수단이기도 하다.

행복은 멀리 있지 않고 바로 옆에, 그리고 바로 앞에 있다는 것을 상기시키면서 주위에서 고된 삶을 함께하는 지인들과 슬픔과 즐거움을 나누며 어울려 살아가는 지혜를 통해 자신의 진정한 행복을 추구하자.

나누는 방법은 다양한 형태가 있겠으나, 우선 가까이에 있는 동료들부터 물질적으로 나누고 정신적으로 위로해 주며 살아가는 아름다운 삶의 소유자가 되어 보자. 부자라고 인생의 길이가 길고 가난하다고 생각의 길이가 짧다는 법은 절대로 없다. 많이 배웠다고 행복하게 살고, 못 배웠다고 불행하게 살아야 한다는 것도 맞지 않다. 오히려 배움의 길이가 짧을지라도 남부럽지 않게 당당하게 그리고 언제나 베풀며 살아가는 이웃을 어렵지 않게 볼 수 있지 않은가?

마음껏 놀자

은퇴 전에는 생계를 위해 늘 반복되는 일정으로 인해 불안과 걱정을 탈피하여 자유롭게 마음껏 즐길 수 있는 시간을 가질 수 없었다. 그러나 은퇴 후에는 모든 시간은 오로지 자신에게 주어지기 때문에 남의 눈치 보지 않고 자신만을 위해 사용할 수 있는 권리와 의무가 있다. 따라서 평상시에 계획했던 바를 주어진 상황에 알맞게 시간을 배정하여 행복하게 즐길 거리를 찾아야 한다. 물론 마음껏 논다는 의미가 무절제하게 놀라는 것은 아니다.

자기에게 주어진 상황의 경계를 넘지 않고 합리적이고 정신건강에 도움이 될 수 있는 범위 내에서 즐거움을 극대화하며 행복을 추구하는 행위로 멋진 삶의 주인공이 되어야 한다. 요즘은 교통의 발달로 인해 인간의 활동 범위가 상상을 초월할 만큼 넓어졌다. 따라서 타국의 역사나 문화 또는 관습에 대한 이론적 지식은 간직하고 있으므로 현장 방문을 통해 새로운 것들을 접하며 즐거움을 얻는 방법도 중요한 수단으로 부상하고 있기 때문에 수많은 사람이 해외여행을 하면서 행복을 추구하고 있다.

세계적으로 근면한 근성을 지닌 민족으로 널리 알려진 우리나라 국민은 허리띠를 졸라매고 밤낮없이 열정을 다하여 성실하게 노력한 결과 전세계 경제 규모 기준으로 10 위대를 기록하고 있지 않은가? 이제는 자신을 위해 경제력을 소비해도 가계가 흔들리거나 생계를 걱정하지 않을 정도가 되었기 때문에 죄책감을 느끼지 않고 감성을 회복시키며 멋지게 살다가 갑시다.

가수 박구윤의 노래 '재충전' 가사의 "버리지 못해 이기지 못해 애태웠던 날들을 저 들판에 던져버리고..."와 "답답하게 살아온 지난날들을 저 산 위에 저 파도 위에 던져버리고…."처럼 과거의 쓸데없는 욕심을 모두 버리고 삶의 무게를 가볍게 하여 남은 인생을 즐기며 사는 지혜가 절실히 요구되는 지점에 우리가 서 있다. 죽음의 막다른 골목에서 후회해본들 무슨 소용이 있겠는가?

지금부터 주변을 정리하고 버리며 살아가는 가운데 고통과 번뇌를 없애는 노력으로 죽을 때에 최대한 가벼운 마음으로 이 세상을 떠납시다.

많이 웃자

미국의 어느 여론기관에서 대통령으로서 가장 중요한 자질이 무엇인가에 대한 질문으로 여론조사를 시행한 결과 놀랍게도 '유머(Humour)'였다고 한다.

그런데 미국의 역대 대통령 중 가장 유머 감각이 뛰어난 대통령은 게티즈버그 연설(Gettysburg Address)의 주인공 에이브러햄 링컨(Abraham Lincoln, 16대 대통령), 4선의 대통령 프랭클린 루스벨트(Franklin Delano Roosevelt, 32대 대통령), 배우 출신의 로널드 레이건(Ronald Reagan, 40대 대통령)으로 발표되었다. 그들은 유머 감각이 뛰어났기 때문에 국민에게 압도적인 지지를 받았고, 사랑을 받는 가운데 역사적인 치적을 남긴 대통령이라는 것을 굳이 구체적으로 설명하지 않아도 부인하지 않을 것이다.

뛰어난 유머 감각이 있는 사람은 언제나 얼굴에 미소가 가득한 상태에서 사람들과 교감이 이루어지기 때문에 주변 사람들의 관계가 원만하기 마련이다. 또한 미소는 자신의 정신적 건강에도 많은 도움이 된다는 의학계의 보고를 그냥 지나치지 말고 마음속으로 새긴 후 실천을 통해 자신의 이미지 개선과 건강을 지키는 지혜가 절실히 요구되는 시대이다.

그리고 유머는 긍정적인 생각을 유도하는 효과를 지니고 있어서 유머 감각이 뛰어난 사람일수록 긍정적인 사고를 바탕으로 소통이 이루어진다는 것도 이미 밝혀진 사실이다. 미국의 유일한 4선 출신의 32대 루스벨트 대통령은 금수저 출신으로 명문가에서 태어나 어린 시절을 남부럽지 않게 보내고 정계에 입문하였다.

그러나 그는 언제나 겸손하였으며 비록 적대적 관계에 있었을지라도 비난하지 않고 오히려 상대의 강점을 부각시키며 위로해 주어 감동을 이끌어내는 포용의 리더십을 발휘한 결과 미국 국민에게 절대적인 지지를 받았던 인물이다.

미국의 루스벨트 대통령은 뉴욕주지사를 거쳐 압도적인 지지로 대통령으로 당선되었는데, 이임식과 취임식에서 있었던 일화를 소개하고자 한다. 당시 전임 대통령이었던 후버 대통령(Herbert Clark Hoover, 31대 대통령)은 재임 시절 경제 대공황으로 경제위기를 초래한 주범으로 국민에게 많은 비난을 받았던 대통령이었지만, 후임의 루스벨트는 전혀 비난하지 않고 오히려 전임 대통령의 빛나는 업적을 부각시키며 취임식보다 이임식을 성대하게 거행하도록 했던 대통령으로 알려져 있다.

이처럼 상대를 비난하는 대신 사랑으로 감싸주면서 자신을 낮추는 겸손의 미덕이 바로 리더의 자질이 아니겠는가?

우리에게도 "웃는 얼굴에 침 뱉지 못한다."라는 속담도 있지 않은가? 미소가 가득한 얼굴을 마주하는 상대 역시 미소로 답할 것이며, 부드러운 소통으로 서먹한 관계가 회복되기도 하고 사랑의 엔돌핀(Endorphin)이 추출되어 다시 만나고 싶어질 것이다.

필자도 주위의 다양한 친구들과 소통하며 지내고 있으나, 같은 상황임에도 어떤 친구는 매일 연락하여 안부도 묻고 개인적인 일도 스스럼없이 이야기해도 왠지 기분이 좋아진다.

그러나 어떤 친구는 특별한 이유는 찾기 어려우나 군더더기 없이 용건 이외에는 이야기하고 싶지 않은 경우가 있다. 그 이유를 곰곰이 분석해보면서 인지한 사실은 대화의 음성에서 미소가 전혀 섞여 있지 않거나, 대면의 경우에도 굳어있는 얼굴이 대화의 장애물이었다.

이와 같은 현상은 여러분 주변에서도 쉽게 경험할 수 있을 것이다. 특히 나이가 들어갈수록 지금까지 살아오면서 습관화 되어 웃는 모습의 연출이 쉽지 않을지라도 죽을 힘을 다해서라도 여생을 웃으면서 긍정적인 사고와 함께 살아가야 한다.

여생지락(餘生之樂)의 말처럼 항상 웃으며 즐거운 마음으로 남은 인생을 행복하게 살아야 할 것이다. 여러분의 행복은 다른 사람의 행복과 함께 존재하기 때문에 웃음과 유머와 함께 행복을 나누어주는 가운데 여러분도 행복을 누리게 될 것이다.

건강할 때 많이 걷자

나이가 들어갈수록 건강에 관한 관심이 고조되면서 노령인구의 증가에 따라 최근에는 각종 매체를 통해 건강식과 운동법이 소개되고 있다. 필자는 평생을 헬스클럽에서 꾸준히 운동을 해왔기 때문에 건강관리가 행복의 조건이라는 것을 잘 알고 있다.

그러나 노령의 경우 젊었을 때처럼 무리한 운동은 오히려 체력을 훼손하는 원인이 되기 때문에 나이에 알맞은 운동을 해야 한다. 많은 건강 전문가에 의하면 노령에는 더 가벼운 걷기운동이 건강 유지에 도움이 된다고 한다. 무리한 등산이나 달리기 또는 헬스 운동보다 걸음으로써 체내의 신진대사를 원활히 할 수 있으므로 걷기운동을 적극적으로 추천하고 있다.

요즘은 나이와 관계없이 남녀노소 모두 걷기운동이 보편화되면서 수많은 사람이 공원이나 둘레길 등을 이용하여 걷는 모습을 어렵지 않게 볼 수 있다. 가족이나 동료와 함께 걸으며 대화를 곁들이면 정신건강에도 많은 도움이 될 것이다.

인간이 죽음에 가까워질수록 하체의 근력이 퇴화하여 걷는 데 불편을 느낀다는 것은 모두가 알고 있는 상식이므로 평소에 걷기운동을 통해 하체의 퇴화 속도를 늦춰 이 세상을 떠날 때까지 스스로 보행할 수 있도록 지금부터 걷기운동을 통해 하체의 근력을 강화해야 한다.

인생은 우여곡절이 있는 법

인간이 부모님의 사랑으로 인해 기적같이 태어나 한평생을 살아가면서 누구나 꽃길만 걷길 희망하고 있겠지만, 여러 가지 사회적 삶의 조합은 무궁무진한 형태로 진행된다. 필자는 촌스럽고 소박한 면이 마음 깊이 자리 잡고 있기 때문에 감성이 풍부하여 가슴 아팠던 사연을 다루는 주제의 TV 드라마나 다큐멘터리 등의 프로그램을 접할 때마다 눈물샘이 폭발하여 주체할 수 없을 정도로 하염없이 울부짖을 때도 있다. 마치 나의 삶을 되돌아보면서 자신이 이루지 못했거나 잠재적으로 갈구하고 있는 것을 후회하고 있듯이 스스로 감성을 자극하는 경우가 적지 않다.

KBS 1TV에서 생방송으로 방영되는 아침마당 프로그램의 '도전 꿈의 무대'가 특별히 가정의 달을 맞이하여 '가정이 힘이다'라는 주제로 가족이 함께 도전하는 가창대회가 방영된 적이 있는데, 참여한 5팀의 사연은 모두 기구한 삶을 극복하고 제2의 삶을 시작하고 있는 이야기와 함께 진행되었다. 그 5팀 중 가장 감성을 심하게 자극했던 내용을 소개하고자 한다. 우리나라 최연소 나이로 국악 신동으로 대통령상을 받은 예쁜 딸이 '도전 꿈의 무대'에 도전하여 당당하게 스타덤(Stardom)에 올라 시청자들로부터 많은 사랑을 받게 되었다. 이와 같은 결과는 온전히 척추 장애를 앓고 있는 아버지의 희생이 있었기 때문이었다.

국악 신동으로 성공한 딸과 아버지와 함께 '도전 꿈의 무대' 출연하여 부녀지간의 지나온 삶에 관한 아버지의 이야기를 듣고 눈물을 쏟고 말았다. 딸이 어렸을 때는 품 안에 품고 키웠으나 초등학교에 입학하면서부터 딸 친구들이 척추 장애인인 아버지를 비하하면서 놀리는 모습을 목격하고 나서부터 오늘날까지 딸아이와 함께 외출하는 것을 스스로 금지했다고 한다.

또한 예쁜 딸이 학교에서 학예회나 부모님과 함께하는 모임에는 절대로 참석하지 않았다, 딸이 국악이나 가요제의 수상식에도 참석하지 못하고 참았다고 한다. 그러면서 아버지는 '왜 사랑하는 딸인데 함께 축하해 주고 싶지 않겠습니까?'라고 반문할 때 정말 가슴을 저미는 고통스러운 연민의 정이 전달되어 눈물을 흘리며 TV를 시청했던 적이 있다. TV를 시청하면서 감성에 젖어 눈물을 흘린다는 행위는 여러 가지의 의미를 표출하는 것이다. 자신의 과거를 반성 또는 후회하고 있거나 다양한 이유로 인한 상처 등이 상기되면서 감성을 자극한 결과일 것이다.

감성을 자극했던 것은 아마도 어린 딸이 성장하면서 주위의 친구들로부터 당했던 놀림과 곱지 않은 시선을 인내하면서 곱게 성장하여 대중의 인기를 독차지하고 있다는 사실이다. 또한 아버지의 남다른 딸사랑으로 눈에 넣어도 아깝지 않은 관계임도 불구하고 주변의 시선을 피해 딸에게 묵묵히 현실적 사랑을 퍼부었던 내용이었다. 그 결과 딸이 성공하여 당당하게 함께 외출할 수 있는 용기는 물론 많은 시청자 앞에 나타나 과거 부녀지간의 남다른 사랑을 이야기하는 모습에 감동할 수밖에 없었다. 이에 딸은 "이 세상에 다시 태어나도 지금의 아버지 딸로 태어나고 싶다."라는 거침없는 말에 다시 한 번 감동의 눈시울을 적시고 말았다. 이 방송에서 우리에게 던져주는 메시지는 아무리 어려운 일이 우리 앞에 닥쳐도 굳은 마음으로 인내하면서 묵묵히 견뎌낸다면 반드시 언젠가는 빛을 발할 수 있는 행운이 찾아온다는 교훈을 주고 있다. 즉, 불행은 지속해서 반복되지 않고 소멸함과 동시에 다음 순서는 행복이라는 평범한 진리를 상기시켜 주고 있다.

자신의 과거 삶 가운데 만족하는 사람이 얼마나 존재하겠는가? 인간이라면 주어진 상황에 따라 고통과 번뇌를 반복하면서 살아왔을 것이다. 재벌의 부모로부터 태어나 어린 시절을 남부럽지 않게 보냈을 것으로 생각되는 사람의 삶도 정도의 차이는 있겠으나 나름대로 고뇌와 번뇌가 동반되었을 것이다. 이와 같은 이치로 미루어보건대 인간은 누구나 살아가면서 우여곡절을 겪으면서 희로애락의 조합과 함께 인생의 길을 걷게 마련이다. 주변의 지인들을 자세히 살펴보면 쉽게 이해할 수 있을 것이다. 고아로 어렵게 온갖 고통을 참고 견디며 성장하여 떳떳하게 사회에 진출하는 사람이 있지만, 어려움을 전혀 모르고 부모의 적극적인 지원과 함께 풍요로운 삶으로 성장한 사람이 마약이나 도박 등으로 패가망신하는 사람도 있지 않은가?

따라서 과거의 고통스러웠던 삶을 교훈 삼아 묵묵히 정진하는 사람은 분명히 밝은 미래가 보장된다는 사실을 믿고, 오늘을 열정적으로 살아가면서 주어진 일을 열심히 수행하는 사람이 아름답고 축복의 삶의 주인공일 것이다. 가끔 주변의 지인들은 찬란했던 자신의 과거를 소환하면서 현재의 모습을 한탄하거나, 반대로 과거의 연속되었던 고통스러운 삶을 상기시키며 염세주의자처럼 세상을 원망하는 때도 있다. 그러나 과거는 흘러간 개인적 역사에 불과할 뿐이지 그다지 중요하지 않다. 언제까지나 과거에 머물며 현재의 삶을 부정해야만 하는가? 인간에게 무엇보다 중요한 것은 과거도 미래도 아닌 현재일 것이다. 현재가 행복해야 아름다운 삶으로 이어질 것이고 밝은 미래가 다가올 것이기 때문이다.

저자 **이 희 천**

부산외국어대학교 영어과 졸업
경희대학교 관광경영대학원 수료(경영학 석사)
선문대학교 교육대학원 수료(교육학 석사)
경성대학교 경영대학원 수료(경영학 박사)

- 현) 예원예술대학교 공연예술경영학과 특임교수
- 전) 김천대학교 항공호텔경영학과 교수
- 전) Al Shamrany Co., Ltd.
- 전) Hyatt Regency Busan(Marketing Director)
- 전) Saudi Steel Pipe Co., Ltd.

나만을 위한 인생 오후

2025년 4월 15일 1판 1쇄 발행

저 자 이희천
발행인 남승우

발행처 도서출판 상尙학學당堂
신고 : 2-155호(1968.11.29.)
주 소 서울특별시 동작구 사당로9가길 6
전 화 02)595-1692~4
팩 스 02)595-1394
이메일 shdbooks@naver.com
표 지 토틀컴
ISBN 978-89-6587-270-2 03810
정 가 17,000원